Sin da quand'ero piccolo volevo fare il direttore generale

DIEGO POLO-FRIZ

Un metodo per gestire un'azienda

I CONCETTI DI BASE PER VOI

A cosa serve e chi deve leggere questo libro

Ho passato tutta la mia vita a leggere libri di management. Il primo l'ho letto che avevo 16 anni.

Quasi tutti di grandi capi d'azienda (o ex).

Ovviamente dedicati alle grandi organizzazioni.

Penso che non sia necessario scriverne un altro.

Ho deciso, invece, di scrivere un libro su come si gestisce l'azienda della porta accanto. Quella della zona industriale della periferia della città in cui viviamo. Quella da qualche decina di milioni di euro di fatturato.

Per due ragioni.

La prima è che di grandi aziende in quasi tutti i paesi industrializzati ce n'è qualche decina, in Europa o negli Stati Uniti qualche centinaia e nel mondo qualche migliaia. Di aziende della porta accanto, invece, ce ne sono molte di più. E io preferisco scrivere un libro non con migliaia di potenziali lettori (che peraltro, con tutta probabilità, l'avrebbero comunque ignorato) ma con milioni.

La seconda è che questo, lo vedremo dopo, è un libro di gestione. E io sono abbastanza convinto che le "altre aziende" (le grandi aziende) al vertice non si gestiscano. Banalmente perché sono così complesse da essere impossibili da gestire.

Vi faccio un esempio: per gestire è necessario disporre d'informazioni non solo di sintesi, ma anche puntuali (ossia descrittive dei fattori chiave che spiegano il fenomeno in oggetto) e non inquinate (ossia veritiere). La possibilità che in una grande azienda questo succeda su base sistematica, che il capo abbia poi la voglia di approfondire, la possibilità di dedicarci del tempo, la costanza di discuterne al giusto livello di dettaglio con i colleghi è molto limitata.

Mi ricordo una discussione in una banca sul livello di servizio degli ATM (i bancomat). Il direttore generale si lamentava con i suoi colleghi che gli ATM non funzionavano. "Lui" non era riuscito a prelevare. Il management (che peraltro era valutato anche su quel parametro) sosteneva che il livello di servizio era il 100%. Sfidato, il direttore generale chiese di vedere come erano

4

costruiti i numeri. Sorprendentemente, venne fuori che chi li aveva costruiti aveva eliminato dal calcolo tutti gli elementi che non dipendevano direttamente da lui (mi riferisco al responsabile di funzione che aveva ricevuto la domanda dal direttore generale). Ad esempio, la disponibilità della linea dati (che collegava la macchina del bancomat con i computer centrali che processavano la transazione) che tecnicamente arrivava da un fornitore terzo. Peccato che al cliente, in questo caso il direttore generale, il motivo tecnico e/o di chi fosse la responsabilità operativa non importasse nulla. Percepiva solo un livello di servizio non soddisfacente (e dava la colpa alla banca, ossia alla fine a sé stesso).

Durata di questo esercizio: 1 settimana.

Moltiplicate questo esempio per 100 e vi renderete conto che la comprensione dei fenomeni, per il vertice di una grande azienda, con decine o centinaia di prodotti, presenza internazionale e tutto il resto, è un'impresa, nei fatti, estremamente difficile. E se è difficile capire è quasi impossibile gestire.

Le grandi aziende più che gestirsi si guidano (infatti molti dei libri che si possono comprare sono sulla leadership e non sulla gestione). Che vuol dire che il ruolo esercitato dal capo di un'organizzazione complessa è quello di scegliere dei messaggi chiave e di diffonderli all'interno della sua struttura. Cui, ovviamente, si aggiunge la selezione e la gestione della sua prima linea di management, che gli/le serve principalmente come "catena di trasmissione" degli stessi messaggi chiave. Poi, per il resto del tempo, si occupa di altri aspetti, spesso chiave (ad esempio, i rapporti con l'esterno), ma che poco hanno a che fare con la gestione dell'azienda.

Vista in altro modo, la dimensione delle grandi aziende è tale che questa "catena di trasmissione" sia spesso molto lunga. Ossia prima di arrivare a chi, nei fatti, ha veramente impatto sull'attività ed è in grado di generare quelle decisioni operative che poi effettivamente si traducono in risultati di conto economico si devono passare diversi livelli gerarchici. Mi è capitato di lavorare con un intermediario finanziario dell'Europa continentale: la linea di management veramente operativa era 4 livelli gerarchici al di sotto del vertice aziendale. Loro parlavano di business (e quindi di gestione). Dal livello superiore in poi (dal loro capo al capo del capo del loro capo) il mondo cambiava e le persone tendevano di più a guidare che a gestire.

Ovviamente ci sono le eccezioni del caso. Chiaro che le acquisizioni le fa il vertice aziendale. E anche alcune iniziative di finanza e, come abbiamo detto, la selezione delle risorse chiave. Ma buona parte del resto no.

Uno potrebbe anche dire, che c'è di male a guidare, ci sono un mucchio di aziende che fanno un mucchio di soldi. Che bisogno c'è di scrivere di gestione? La mia opinione, però, è che un'azienda gestita e non solo guidata ha due grandi vantaggi. Il primo è che è molto più redditizia. Magari i numeri assoluti non saranno strepitosi (visto che le aziende di cui ci occuperemo sono di medie dimensioni), ma da un punto di vista del ritorno sull'investimento possono produrre risultati fenomenali. Arrivando, sempre in termini relativi, a superare i due svantaggi strutturali che hanno rispetto alle grandi aziende (il fatto che spesso sono più giovani, quindi hanno posizioni sul mercato meno consolidate, ad esempio con un marchio più debole, e che non hanno la scala, ossia devono ammortizzare i costi fissi su una base di ricavi più piccola).

Il secondo grande vantaggio diventa evidente nei periodi di crisi (come la recessione iniziata nel 2007). L'azienda gestita generalmente naviga, mentre quella solo guidata lo fa con difficoltà nettamente superiori. Anche solo perché all'inizio non si capisce dov'è il problema: visto che è tutto troppo complicato e magari nessuno ha provato ad anticipare il pericolo prima del suo arrivo. Con implicazioni decisamente più drammatiche su costi, personale e, in fin dei conti, sulle capacità di sopravvivenza del vertice.

Ah, mi ero dimenticato. Poi ci sarebbe il fatto che per molti gestire è più divertente che guidare.

Guidare ha questo fatto che dall'esterno sembra inebriante. Io però, a essere sincero, a parte che a Giulio Cesare gli hanno tirato 23 coltellate e a Kennedy gli hanno sparato in testa, di persone veramente inebriate non ne ho incontrate moltissime. Magari visto da dentro è diverso che visto da fuori. Detto in termini più forbiti: l'aumento della dimensione assoluta del potere si accompagna a un'altrettanta maggiore rilevanza dei temi di politica organizzativa (il peso dei rapporti personali, le fazioni, le cordate, i sindacati, i politici, i giornali). E se devo dire che ho incontrato qualcuno che trovava veramente gratificazione in tutto questo, direi una bugia. Piuttosto molti lo consideravano un costo da sopportare. Peccato che più si sale, più l'onere diventa pesante. Al contrario, sono numerosi i manager che si divertono a "creare" e a "fare succedere le cose". Ossia, a gestire.

E poi spesso il potere è effimero, ossia dura pochissimo. L'uomo più potente del mondo, il Presidente degli Stati Uniti, fa l'uomo più potente del mondo al massimo per otto anni; a volte riceve un mandato di soli quattro anni. Al contrario, un ruolo gestionale può durare molto di più, ogni tanto per tutta la vita.

Per tutte queste ragioni scriverò di gestione e lo farò per le entità che gestite possono essere, ossia le aziende di medie dimensioni.

Dunque se sei il direttore generale di un'azienda di medie dimensioni, questo libro è scritto per te.

Perché è utile e bello lavorare e gestire un'azienda

Dopo aver fatto il panegirico della gestione rispetto alla leadership allo stato puro, diciamo che sarebbe meglio articolare un po' di più perché è bello lavorare e soprattutto farlo essendo il capo.

Lavorare in genere ha due grandi aspetti positivi. Il primo è che ci tiene vivi. A meno che uno scientemente non abbia scelto di far parte di un'organizzazione composta da zombi e/o nel tempo non si sia ridotto in tale condizione (comunque è sempre colpa sua), lavorare è la migliore forma di assunzione di adrenalina. Perché mal che vada un'azienda è fatta di obiettivi interni da raggiungere, ben che vada è immersa in un mercato dove non bisogna mai smettere di impegnarsi per soddisfare i clienti e battere la concorrenza. E lo possiamo fare quasi tutti i giorni della settimana. A me non viene in mente niente di meglio da fare per otto ore al giorno, per 11 mesi all'anno. Certo, gli svaghi e gli interessi sono importanti. E chi dice il contrario. Ma voi vi divertireste ad andare al cinema o a teatro tutti i giorni dalle 9 di mattina alle 6 di sera? O leggere romanzi continuamente? In effetti, spesso si idealizzano cose che, nei fatti, non sono così divertenti. O lo sono, ma per periodi di tempo limitati (e non è un caso che tanti pensionati si lamentino del fatto che si annoiano).

Il secondo è che "ci tiene onesti" (è un inglesismo). L'azienda, o un'altra attività economica organizzata, è una realtà sociale. Bisogna avere a che fare con i colleghi, i clienti, i fornitori. E l'interazione sociale è il modo migliore per "vivere" il mondo nella sua forma vera, piuttosto che assorbirsi in una realtà che ci siamo auto-costruiti. Ossia, nel momento in cui abbiamo a che fare con gli altri, il nostro modo di ragionare e il nostro comportamento devono avere almeno una parvenza di ragionevolezza e razionalità. Tanto più quando ci sono di mezzo i soldi. Altrimenti la rete di rapporti ci punisce (non parlandoci oppure interagendo con noi in modo poco piacevole). E questo, devo dire, nel tempo è un elemento importantissimo. Soprattutto quando gli anni passano e il numero di interazioni sociali, per forza di cose, diminuisce o tende a diminuire (ad esempio perché stiamo più tempo a casa e non con gli amici, dato che ci siamo costruiti una famiglia). L'azienda è la migliore forma di interazione sociale extra-familiare. Ed è contemporaneamente continua e, come ho detto, razionale, dato che si basa su una rete di rapporti estesa e che devono funzionare nel tempo.

Questa era la parte facile.

Adesso dovrei dire perché è bello lavorare facendo il capo.

Il capo è una monade e ogni monade ha le sue caratteristiche.

Ad esempio, ci sono le persone che si entusiasmo per il ruolo. Perché sono ammirate dalla società e riverite dai colleghi. Non c'è nulla di male. Però conosco, ad esempio, delle persone che di questo non si curano. Non perché non faccia piacere. Ma perché ci sono abituati (magari sono i figli degli imprenditori di prima generazione oppure hanno fatto una carriera veloce) e quindi nel tempo hanno dato più valore ad altre cose.

E' difficile dire in assoluto perché è bello fare il capo.

Io, personalmente, ci vedo due motivi. Il primo è che il successo di un'azienda, in larga parte, è quantificabile. Il conto economico parla. E vedere che il risultato del proprio lavoro si traduce in numeri visibili a sé stessi e al resto del mondo è fonte di grande soddisfazione. Uno potrebbe dire, ma tanta gente ha degli obiettivi economici o di altro tipo, misurabili. Certo, ma niente parla in modo integrato come il conto economico di un'azienda. Se va bene, vuol dire che chi lo ha gestito fa quasi tutto bene. In altre parole un capo può avere la dimostrazione che è in grado di gestire una realtà complessa e articolata in modo efficace. Che non è da tutti.

Il secondo motivo è che essere il capo è un'ottima piattaforma per tastare la propria capacità di plasmare la realtà che ci circonda. A mio giudizio poter apprezzare, in modo sano, le proprie capacità di influenzare le persone che stanno attorno e di modificare come pensano e si comportano, è fonte di grande soddisfazione personale. Per essere un po' più pratico: se siete il capo, siete nella posizione privilegiata per far crescere e per veder crescere professionalmente i vostri colleghi e, in parte, le altre persone che ruotano attorno all'azienda. E, di nuovo, percepire che siete stati in grado "di riprodurre voi stessi", che le vostre idee non sono più solo vostre ma sono diventate anche quelle degli altri, che il vostro modo di pensare non si è fermato a voi, è molto importante. Per fare un esempio, io trovo molto bello ascoltare un collega, durante un incontro con più persone, e sentire che ragiona nel modo in cui io penso sia opportuno ragionare (e che probabilmente gli/le ho insegnato io). E' una dimostrazione della mia capacità di influenzare e, quindi, del mio valore.

Gli adolescenti spesso hanno sogni di grandezza. Alla fine penso siano principalmente delle manifestazioni di idealismo e della ricerca di meccanismi per ottenere la stima degli altri. C'era un mio amico che voleva ricreare i Beatles. Un altro che sperava di poter fare il Presidente degli Stati Uniti.

Io penso che essere il capo di un'azienda sia una delle principali manifestazioni moderne e diffuse per dare realtà a queste pulsioni idealistiche. E' uno dei veri modi per dare significato alla propria esistenza: che vuol dire realizzare delle cose di valore e avere la prova che funzionano.

E gli svantaggi? Se uno pensa di avere il controllo della propria esistenza, ci sono solo problemi da risolvere, non svantaggi. Gli svantaggi ce li hanno quelli che pensano che gli elementi negativi siano là, ingestibili e irrisolvibili. E per questo se ne crucciano e gli fanno prendere il sopravvento. Chi pensa che le cose siano nelle proprie mani, affronta le avversità, e le mette a posto. E' il metodo migliore che fare scomparire gli svantaggi.

Qualcuno diceva: "non abbiate paura". Aveva ragione.

Un'azienda di successo è un'azienda gestita normalmente

Una regola base di gestione di un'azienda è provare a fare meno errori possibili.

Ovvero fare le cose normali ed evitare quelle sbagliate.

Il successo di un'azienda non è il risultato di una serie di mosse geniali, architettate da superesperti per spazzare la concorrenza.

E' soprattutto il risultato dell'applicazione del banalissimo buon senso.

Che c'è di così particolare in tutto ciò? Una sola cosa: le aziende che faticano sui mercati (e purtroppo ne esiste una folta schiera), il buon senso spesso non lo applicano.

L'ambizione di ogni persona al vertice di un'azienda dovrebbe essere che lui/lei e tutti gli altri colleghi, dai manager agli operai, si comportino con l'azienda nello stesso modo in cui affrontano le decisioni sulle finanze familiari: con il cervello. E' vero che ci sono poi delle persone che, sempre a livello familiare, qualche problema economico lo creano. Ma io non ho dubbi che l'approccio diffuso sia di razionalità.

Faccio un esempio. Tutti abbiamo sentito parlare di "lean manufacturing", che è una tecnica di produzione sviluppata dalla Toyota. Il "lean manufacturing" è ormai pervasivo e moltissime aziende manifatturiere e non, lo stanno provando ad applicare. E' considerato uno dei cardini alla base del successo della Toyota che, dalle ceneri della seconda guerra mondiale, è diventata una delle, se non l'azienda automobilista di maggior successo al mondo. Ebbene, alla base del "lean" c'è un principio più importante degli altri: eliminare gli sprechi. Possono essere di moltissimi tipi: operai che passano il tempo in fabbrica a spostarsi tra le varie macchine utensili, invece che ad assemblare il prodotto (lo spostamento il cliente non lo paga), impiegati della contabilità che devono fare le spunte cartacee per controllare gli errori amministrativi (anche questo il cliente non lo paga) e via dicendo. Via tutto.

Nessuno ha vinto il premio Nobel per aver sviluppato questo concetto elementare. Eppure è alla base della creazione di una delle grandi storie di successo industriale del nostro tempo. Perché nessuno ha vinto il premio

Nobel? Perché eliminare gli sprechi vuol dire fare le cose normali (e a Stoccolma la normalità non la premiano).

E infatti a casa nostra noi cerchiamo di fare pochi sprechi. Perché l'atteggiamento domestico è un atteggiamento razionale (d'altra parte i soldi sono i nostri).

Chi fa le cose normali vince. Chi non le fa perde, perché è la sua organizzazione che si perde in condotte irrazionali che portano danno all'azienda. E quelli che si affermano perché fanno le cose geniali, vincono una volta, ma poi si devono rimettere a fare le cose normali perché a nessuno vengono in mente due idee geniali di fila.

Le aziende che non fanno le cose normali sono costellate di elementi che quando si raccontano lasciano sempre stupiti. Tantissime aziende permettono che chi spende (ossia chi decide la spesa) non è chi paga (ossia chi ha il budget della stessa spesa). Che è ovvio che poi si spendono soldi che non servono (tanto paga l'altro). Tantissime aziende hanno sistemi premianti basati esclusivamente sui volumi (i pezzi venduti), invece che sul reddito. "Stranamente" il secondo va in fumo perché le persone pur di ottenere gli obiettivi di volume vendono il prodotto a prezzi bassissimi.

Anni fa avevo visto una banca, notoriamente con problemi di qualità del credito, che incentivava il suo personale di filiale sulla base dei volumi dei finanziamenti concessi. Senza nessun riferimento né al prezzo, né alla suddetta qualità del credito. Indovinate com'è finita?

Non stiamo parlando di fisica delle particelle. Stiamo parlando di cose banali.

Non succedono perché qualcuno decide di non gestire l'azienda, ma di fare altre cose. Ad esempio, se il vertice aziendale passa una parte importante del suo tempo a incontrare clienti, poi ne ha molto poco da dedicare alla gestione (quindi al funzionamento dell'infrastruttura aziendale nel suo complesso). Non c'è nulla di male nell'incontrare clienti. Anzi, molti direttori generali lo fanno troppo poco. Ma non può andare a discapito della gestione.

Che significa fare mente locale, dedicarci del tempo, costruire i sistemi aziendali che garantiscano il buon funzionamento dell'impresa, curarne la realizzazione e controllarne i risultati. Forever. Ogni giorno.

Per non parlare dei rischi, che in diversi casi portano l'azienda a chiudere o ad avere problemi serissimi, con conseguenze dolorose su management, dipendenti e proprietà.

Quando si leggono come sono andate le cose su eventi che hanno portato al fallimento di un'azienda, ogni tanto si rimane esterrefatti. Non abbiamo sentito più volte di trader in banche d'investimento (poi fallite) che valutavano da soli la loro posizione (bella), i loro utili (presenti), le loro perdite (assenti)? Evitare che, come diceva un grande banchiere, uno se la dica e poi se la racconti, è una cosa normale. Non c'è nessuna genialità nel farlo. C'è solo il rigore della gestione.

E come ho già detto, la principale ragione per cui succede è che il vertice vi dedica del tempo e crea nel tempo i meccanismi per cui ogni collega si sente e si comporta come se l'azienda fosse sua.

Ossia come se fosse a casa sua.

Gestione o strategia?

Tutta quest'enfasi sulla gestione deluderà i fan della strategia.

D'altra parte, la strategia si studia molto più della gestione. E in un'azienda, il responsabile della pianificazione strategica ha un biglietto da visita molto più altisonante rispetto a quello di altri suoi colleghi.

E la principale responsabilità del capo non è forse quella di indirizzare l'azienda, quindi definire i pilastri del suo percorso strategico?

Tutto questo è legittimo. La strategia è molto importante nella vita di un'impresa. E sbagliarla non è molto piacevole.

La verità, però, è che lo sviluppo della strategia è un'attività per sua natura spesso episodica e/o opportunistica.

Mi spiego. Le principali decisioni strategiche sono tre (più i loro contrari, di cui non parlerò oltre): comprare (o vendere) un'azienda, entrare (o uscire da) a parità di gamma prodotti in un nuovo mercato geografico, allargare (o restringere) a parità di mercati geografici la gamma prodotti.

Le acquisizioni non sono per loro natura pianificabili, né sono oggetto di riflessioni molto articolate. Al di là dell'orientamento generale di "disponibilità a voler comprare altre aziende" e chiarirsi che tipo di azienda si vuol comprare, poco altro si può fare. Al massimo si può corteggiare il target (a meno che non sia una cattiva idea da un punto di vista negoziale). Spesso però bisogna solo essere pazienti e aspettare che l'"oggetto" sia in vendita. Se no si fanno delle grandi analisi, si preparano dei grandi progetti strategici, ma alla fine ben poco si ottiene. L'unica cosa vera da preparare sono le due/tre iniziative necessarie per essere pronti, qualora l'occasione si presentasse: avere un consulente di fiducia per la parte finanziaria, avere un avvocato di fiducia per la parte contrattuale, avere qualcuno in azienda che capisce i concetti chiave della tecnica e del processo. E poco altro.

Entrare a parità di gamma prodotti in un nuovo mercato geografico è una vera decisione strategica (anche se il prodotto ce l'ho già), ma quanto dura? E' certamente necessaria una valutazione di alcuni elementi chiave: ci sono i clienti per quel prodotto? La concorrenza è accettabile? Ci sono delle barriere all'ingresso (ad esempio di natura normativa)? Riesco a mettere assieme un team che mi gestisce il nuovo mercato (interno o esterno)? Tutte valutazioni importantissime, ma per loro natura episodiche. Dopo che le ho fatte, decido se entrare o meno e poi lo faccio. E probabilmente non le rifaccio più per molto tempo.

Un po' più complesso l'ultimo tema, ossia l'allargamento della gamma prodotti a parità di mercati geografici di appartenenza. Questo di sicuro ha bisogno di analisi approfondite. Semplicemente perché, al contrario del caso di prima, l'assenza del "track record" toglie sicurezza alla decisione e quindi, giustamente, porta le persone che debbono decidere a fare delle riflessioni di maggior dettaglio. Però, anche qua, ci sono molte attenuanti: la prima è che è difficile che un nuovo prodotto, singolarmente preso, domani mattina sia chiave nello sviluppo dell'azienda (e quindi richieda investimenti importanti). Ciò vuol dire che i rischi a esso connessi sono molte volte limitati. La seconda è che molti nuovi prodotti alla fine sono estensioni della gamma esistente, che di nuovo limitano il profilo di rischio complessivo. Quindi, in realtà, i veri salti nel buio, le vere decisioni strategiche, sono molto poche. Che, contemporaneamente, significa che il tempo che è opportuno dedicarci non deve essere eccessivo e comunque possibilmente non a detrimento della cosa che crea la maggior parte del valore, ossia la gestione. Non è un caso che prima di lanciare dei nuovi prodotti tante aziende facciano tanti test. Appunto per ottimizzare la combinazione tra il livello di rischio che si sta assumendo, con il fatto che le cose più di tanto non si possono studiare. In sostanza, tanto vale provare e vedere se va bene, piuttosto che dedicare troppo tempo a pensare a tutte le implicazioni.

Diceva il saggio: "implementation is 80% of the business". Da cui deduco che "strategy is 20% of the business", che a me sembra più o meno giusto e da cui deduco ulteriormente la conferma che la strategia è essenziale, ma il vero lavoro del capo è assicurare che l'"implementation", ossia la gestione, funzioni bene.

Detta in altro modo: molte strategie falliscono perché realizzate male. Mentre è molto più difficile che succeda il contrario. Ossia, che un'azienda gestita bene, con la sua macchina realizzativa ben impostata, abbia dei problemi strategici.

Vale la pena provare a imitare gli altri?

Ogni volta che leggo un romanzo che mi piace o vedo un film altrettanto bello, mi viene voglia di replicare l'esperienza del protagonista.

Probabilmente, se uno si impersona vuol dire che il libro è scritto bene e il film pure.

Non mi stupirebbe che, addirittura, sia fatto apposta.

Mi è successo anche con i libri che parlano di materie aziendali. Dopo che ho letto "Il poker dei bugiardi", che raccontava l'epopea di Salomon Brothers (negli anni '80 era probabilmente la banca d'investimento di maggior successo; il suo amministratore delegato fu definito da Business Week "The King of Wall Street"; ora è stata assorbita da Citigroup), le dinamiche e le mitologie del "trading floor", volevo fare il trader. Non vedevo altro futuro davanti a me.

Potrebbe essere una tentazione che nasce anche leggendo i libri scritti dai grandi manager e dai grandi imprenditori.

Arrivato alla mezza età, però, penso che dai libri biografici, in tema di leadership e non, sia opportuno cogliere degli spunti. Non altro.

Non esiste la ricetta ideale. O meglio, esiste, ma è applicabile a uno solo di noi (a quello che ha scritto il libro). In effetti, ognuno ha la sua ricetta ideale.

E' vero, molti spunti messi assieme da fonti diverse possono dare un grande aiuto. Naturalmente devono essere filtrati, fatti propri e messi in atto con convinzione ed in modo sincero.

Ma alla fine, ognuno si deve costruire il suo modello ed essere sé stesso.

Copiare di solito viene peggio dell'originale. Ad esempio, provare a fare quello che faceva il nostro vecchio capo, di sicuro ci verrà peggio di quanto non succedesse a lui/lei. E' un po' come la storia dell'orologio sul polsino (per i più giovani, si parla quasi di archeologia industriale). Ma sappiamo tutti che veniva bene a uno solo, non a caso definito da qualcuno "l'ultimo principe", e tutti gli altri al confronto sbiadivano.

Inoltre, i colleghi ci seguiranno se capiscono chi hanno di fronte. E ognuno di noi riesce a trasmettere la sua personalità se crede nel suo modo di gestire e condurre e non è solo una replica di comportamenti messi in atto da altre persone.

Poi c'è sempre la questione della causa e dell'effetto. Ossia, mai sapremo quanto dell'effettivo successo dell'azienda illustrata nel libro è dovuto al modo in cui il capo viene descritto o si descrive, e quanto invece è dovuto ad altri fattori. E poi semplicemente succede che lui/lei si comporta in quel modo. Magari le due cose non sono correlate: che senso ha provare a replicarle?

Infine c'è il tema dell'eccezionalità, peraltro legato al punto precedente. E' un po' come la sindrome dell'uomo più ricco del mondo. O, forse meglio, dell'investitore più bravo del mondo. Entrambe le figure retoriche esisteranno sempre. Ma esistono per meriti isolabili e oggettivi, oppure sono in parte significativa il risultato di combinazioni statistiche che, per loro natura, sono impossibili da riprodurre? Mister X è diventato un grande manager perché ha fatto cose che ognuno può riprodurre, oppure deve parte del suo successo al fatto che il suo vicino di casa fosse il proprietario dell'azienda? Magari questo secondo elemento ha avuto un ruolo nettamente preponderante nel deciderne le sorti. Di nuovo, a quel punto che senso ha tentare la replica dei comportamenti del leader, quando questi nel complesso hanno avuto un ruolo molto limitato?

Un esempio interessante. Ho letto che Eisenhower (Comandante alleato in Europa durante la Seconda Guerra Mondiale e Presidente degli Stati Uniti dal 1953 al 1961) alla fine degli anni '30 era pronto per andare in pensione. Era un tranquillo colonnello (mi sembra che tra le due guerre, per un periodo di diversi anni, non avesse ricevuto nessuna promozione). Poi fu trasferito al Ministero, conobbe Marshall (quello del Piano Marshall), l'allora capo dell'esercito, che lo valorizzò. E da lì a dieci anni sarebbe diventato l'uomo più potente del mondo. E se avesse rifiutato il trasferimento (o meglio, se avessero trasferito qualcun altro al suo posto)? Magari ha deciso di accettarlo senza pensarci oppure avevano scelto un altro candidato che però in quel momento aveva la polmonite. Ma è molto probabile che questa banale decisione e/o evento abbia avuto un ruolo mostruosamente importante nello sviluppo della sua carriera. Di nuovo, che serve più di tanto replicare il suo stile? Non è per il suo stile che è diventato chi è diventato. O non solo. Ma forse soprattutto perché lo hanno trasferito al Ministero (poi lui naturalmente è stato bravo a fare leva sulla quella piattaforma di lancio).

Quello che voglio dire è che guardarsi attorno e osservare è importantissimo. Ci permette di vedere ciò che funziona e ciò che non funziona.

Ma alla fine, il modello gestionale e di leadership ce lo dobbiamo scegliere noi.

Potrà essere banale a piacere, ma dovrà essere nostro e non di qualcun altro.

Quindi: siate voi stessi (però, mi raccomando, partite dal presupposto che in questo libro gli spunti interessanti sono moltissimi)!

Il mito dei grandi condottieri: probabilmente servono solo in guerra

Chi di noi non vorrebbe replicare le gesta di un grande condottiero? Non solo quelle di un grande leader, come nella sezione precedente, ma addirittura di un condottiero?

A chi non piace l'idea di essere un nuovo eroe?

Ho letto che Nixon, che aveva tutti i suoi difetti, ma sempre Presidente degli Stati Uniti era (m'impegno a non fare più esempi sui Presidenti degli Stati Uniti) la sera si metteva nel cinema della Casa Bianca e guardava il film "Patton – Generale d'acciaio". Per decine se non per centinaia di volte. Lo adorava. Voleva essere come lui.

Patton era il generale americano che, di fatto, guidò la campagna alleata sul fronte ovest dopo lo sbarco in Normandia (voleva andare sino a Berlino, ma poi lo dirottarono verso sud, in Baviera). Era un carrista d'attacco. Sempre in prima linea. Un grandissimo trascinatore. Dice la leggenda che ogni tanto le sue truppe lo vedevano arrivare sulla sua jeep dalle linee nemiche gridando: "cosa fate lì? E' tutto libero da questa parte!".

Era tanto un mito che, a differenza di tutti gli altri corpi, i soldati della III Armata non dicevano di combattere con la III Armata, ma con George Patton (che ne era il capo).

Invincibile.

C'era un piccolo problema.

Era capace a fare solo quello.

Era capace solo a guidare una colonna di carri armati in missioni molto aggressive in territorio nemico.

Senza di lui la campagna avrebbe avuto una sorte diversa: magari sarebbe stata più lunga, magari sarebbe costata più vite umane o altro ancora.

Ma alla fine della campagna lui aveva esaurito la sua funzione.

E nelle altre attività si rivelò molto meno efficace. In particolare, dopo la fine della guerra divenne il governatore della Baviera. Nel giro di poco tempo prese di mira i russi e teorizzò, mi sembra addirittura con dei giornalisti, che le iniziative belliche dovevano riprendere con obiettivo di sconfiggere appunto la Russia. Che ovviamente era una cosa inaccettabile dopo sei anni di conflitto e dopo che la Russia, da alleata, aveva avuto il ruolo più importante nella sconfitta del nazismo. Ma lui non lo capiva.

L'eroe era diventato un problema.

E infatti poco dopo gli fu tolto il comando.

La sua storia non è unica.

Churchill non aveva tratti dissimili. Era la persona giusta per vincere la guerra. Ma era meno adatto per guidare il paese in tempo di pace. Per tutta la guerra non si curò di molti temi di politica interna che, appena cessato l'elemento vincolante e unificante della sconfitta del nemico, emersero prontamente. E poco dopo la fine delle ostilità, l'eroe invece che essere riconfermato perse le elezioni. Sorprendentemente o no, l'elettorato inglese diede un segno di incredibile lucidità (lo dico in termini paradossali, vista la vittoria) e tolse il sostegno a una persona di valore indiscusso, ma non adatto alla gestione continua: funzionava solo nell'eccezionalità della guerra.

Gli esempi potrebbero continuare.

Quello che voglio dire è molto semplice. Ossia che le grandi personalità, per quanto affascinanti, non necessariamente sono le persone più adatte per gestire con successo e nel tempo la vita di un'azienda.

Un'azienda è un corpo organico, con mille sfaccettature, che richiede cura e manutenzione. Non è un oggetto che può essere servito da persone, pur eccezionali, con un focus monodirezionale. Grandissimi professionisti, ma capaci a fare una cosa sola.

Per gestire le aziende, di nuovo con successo e nel tempo, ci vogliono persone equilibrate. Certo, caratteri forti, che non si lasciano mettere i piedi in testa, sicuri di sé e tutte le altre belle cose. Ma che sappiano ragionare su più fronti e raccolgano attorno a sé il consenso dei colleghi con cui dovranno lavorare per anni e non solo per mesi (da quando Patton inizio la sua attività nel Nord della Francia sino alla fine della guerra passarono dieci mesi, non cinque anni).

Quante volte ci può essere capitata davanti una persona con dei tratti caratteriali spiccatissimi? Una stella. Di sicuro, bella da vedere. Ammirata da molti, se non da tutti. Io oggi sono abbastanza convinto che, se non in casi particolarissimi, di stelle non si tratta, quanto piuttosto di meteore. E che appunto il miglior modo per pensare a come si deve gestire l'azienda è di guardar le cose con equilibrio ed evitare di puntare tutto sul culto della personalità.

E se la stella siamo noi? Per chi se lo può permettere, è difficilissimo resistere. Il citato culto delle personalità è inebriante. Gli applausi sono piacevolissimi. I complimenti afrodisiaci. Tutto bello e non c'è nulla di male. Ma non è così che si gestisce un'azienda e, nel tempo, è molto meglio evitare eccessi di egocentrismo.

Ed è vero anche per i colleghi. Non è bello poter pensare e dire che si lavora con un eroe? Oggi di sicuro sì, ma domani quando il trucco scompare (perché prima o poi scompare) le cose cambiano in modo significativo.

Come ho detto, le aziende si gestiscono con grande determinazione, ma molto anche con l'equilibrio. In un'azienda non ci deve essere posto per le sfuriate e per i capricci del capo. In un'azienda ci deve essere posto per l'uso del cervello (di tutti) e il capo deve essere il primo promotore di questo approccio.

Vi assicuro che ci si diverte lo stesso e, cosa non di poco conto, per più tempo e facendo divertire anche gli altri.

La sindrome del bambino che non crea problemi

E' tutto troppo sensato. Troppo normale.

E' tutto neuroni e niente cuore.

Ahimè in parte sì.

Per una ragione molto chiara. Che la gestione di un'azienda, pur con le sue passioni e le sue emotività, non può essere basata su sbalzi emozionali importanti e continui.

Non che gli sbalzi emozionali non possano essere efficaci. Ma un conto è accettare il fatto che ogni tanto siamo soggetti a degli shock adrenalinici imprevisti. Danno una bella accelerazione. Altra cosa è farli diventare parte integrante della vita dell'azienda.

Così l'azienda non si gestisce. Si tritura.

La si spreme, generalmente a proprio beneficio emozionale e/o di altro tipo (spesso monetario), ma non si creano i presupposti per la sua sopravvivenza e per il suo successo nel lungo periodo.

Un'azienda gestita con troppa e continua passione o con altre manifestazioni sentimentali è una grandissima manifestazione di egoismo. Ci sarà una persona contenta (il capo, che ha soddisfatto la sua sfera emotiva) e moltissime persone scontente (tutti gli altri, che ne sono stati vittime).

Detto in altro modo, un'azienda che non ha un parvenza di razionalità è un'azienda dove le persone di qualità se ne vanno perché si sono stufate degli sbalzi emotivi a cui sono soggette (di nuovo, generalmente da parte del loro capo) e che rovinano la vita a loro e ai loro colleghi.

Quest'azienda funziona solo se, per i mille motivi di questo mondo, ha un accesso privilegiato sul mercato del lavoro.

Ossia, riesce a sostituire senza particolari problemi la risorsa di qualità che se ne è appena andata, con una altrettanto buona. E ce la fa anche domani. E anche dopodomani.

Se non è così, per definizione, parliamo di un'azienda la cui qualità delle risorse deteriora nel tempo e quindi, per altrettanta definizione, i cui risultati peggiorano con la stessa dinamica (visto che i soldi non crescono sugli alberi, ma li producono le persone di valore).

Ripeto: non vuol dire non avere passioni, sentimenti e tutte le altre manifestazioni non cartesiane. Vuol solo dire che l'umanità deve essere presente, ma non pervasiva. Non può essere l'unica cosa. Deve essere una delle cose.

Per fare un parallelo familiare: secondo me non bisogna cadere nella trappola del bambino che siccome non crea problemi (va bene a scuola, è simpatico, sereno, e via dicendo) e, quindi, riceve meno attenzioni da parte dei genitori (che presumibilmente si occupano dei tipi più problematici presenti sotto lo stesso tetto domestico) allora viene amato di meno. Nel senso che viene meno amato perché in parte toglie ruolo ai genitori che nei suoi confronti riescono a svolgere solo parte della loro funzione naturale. Magari rimane il 100% del pezzo buono del loro ruolo, ma comunque non necessariamente il 100% del totale. Diventano quasi meno necessari. E se sono meno necessari sono meno gratificati.

I genitori che fanno così si perdono delle grandi occasioni. Tolgono maturità ai loro rapporti e li interpretano solo nell'ottica "io Tarzan tu Jane" (io padre/madre, tu figlio/figlia, anche se Jane non lo era …). Rinunciando nei fatti alla ricchezza che può dare un rapporto un po' più slegato dai canoni tradizionali della gerarchia familiare, e di altre cose di questo tipo. Alla fine, rinunciano a un rapporto un po' più tra persone mature e fanno finta di bearsi solo delle cose che implicano stress emotivo.

Ecco, per la stessa ragione, nel caso di un'azienda, dobbiamo fuggire dall'idea che se non c'è un problema di mezzo, allora non mi piace.

Anche nel business, risolvere i problemi agli altri (invece che protrarli nel tempo apposta, così mantengo il mio ruolo) e godere della loro serenità (invece che non eccitarsi perché mancano le emozioni da otto volante) è presupposto per costruire cose che durano nel tempo.

So anche che a essere stati educati da bambini poi generalmente ci si comporta da bambini anche quando si diventa genitori. E tante delle cose che succedono, sia in famiglia, sia in azienda, hanno le loro origini perse nella notte nei tempi.

Ma un capo responsabile o gli/le viene naturale o su questo tema deve forzare sé stesso.

Lo spirito del libro

Qualche precisazione in più sullo spirito di questo libro.

Come penso di avere chiarito a sufficienza, il libro parla di come si gestisce un'azienda. Ossia descrive come si devono costruire gli elementi infrastrutturali più importanti per il suo funzionamento operativo.

Non è un libro di tecnica funzionale, se non con rare eccezioni.

Per esempio, si parla poco di prodotto dato che è un tema con troppe sfaccettature. Banalmente, a volte il prodotto è rilevante, a volte molto meno. Sul prodotto purtroppo é difficile generalizzare e scrivere delle cose che siano applicabili alla maggior parte delle aziende. Altrettanto, non si parla, se non indirettamente, di gestione dei flussi di cassa. Anche in questo caso sarebbe troppo articolato costruire degli spunti sufficientemente sintetici e utilizzabili da un numero importante di imprese.

D'altra parte, questo libro è stato pensato per il capo e non per i responsabili di funzione. E quindi è focalizzato sulla sua tecnica, non sulla tecnica della prima linea.

Altrettanto, l'azienda di riferimento è quella che potrebbe essere la struttura tipo di buona parte delle economie moderne. Più di servizi che manifatturiera. Se manifatturiera, più industria leggera che industria pesante. E sempre se manifatturiera, più di lavorazione continua rispetto a quella fondata su pochi grandi progetti realizzati su commessa. Non che alcuni concetti non debbano essere applicati a tutti i tipi di impresa. Diciamo che chi lavora in un'azienda come quella di riferimento si ritroverà in quello che scrivo (spero) ancora di più di chi lavora per un'azienda che costruisce piattaforme petrolifere da 5 miliardi di euro l'una e ne fa due pezzi al decennio. Il 90% dei lettori si dovrebbe ritrovare nella definizione.

Inoltre, l'ottica della narrazione è focalizzata più sull'interno e meno sull'esterno dell'azienda. Un po' per le stesse ragioni che ho citato precedentemente. L'esterno è una cosa troppo complessa e articolata per poter essere descritta in modo sintetico e per poter dare dei suggerimenti gestionali che si inseriscano in modo utile nello spirito di questo libro. E' anche da sottolineare che spesso pezzi significativi dell'"esterno" non vengono gestiti dai responsabili operativi bensì dai rappresentanti degli azionisti.

L'ultima precisazione è che, in parte per le ragioni appena accennate, in questo libro si parla molto più di conto economico che di stato patrimoniale. Che alla fine si sposa abbastanza con il focus sulla gestione, che è molto legata ai costi e ai ricavi, rispetto alla strategia, che spesso ha forti implicazioni patrimoniali (pensiamo ad un'acquisizione). Di nuovo, però, buona parte dei lettori dovrebbe ritrovarsi con le nozioni che cito.

La declinazione organizzativa di quello che leggerete

Le aziende non sono organizzate tutte nello stesso modo.

Ci sono quelle dove da una parte c'è l'azionista e dall'altra c'è un responsabile operativo (e questi è chiamato direttore generale).

Ci sono quelle dove c'è sia il direttore generale, sia l'amministratore delegato.

Ci sono quelle dove entrambe i ruoli appena citati hanno responsabilità operative, ma ci sono anche quelle dove così non è.

Poi, naturalmente, c'è la figura del presidente. E spesso anche quella del vice presidente. Quasi sempre espressione diretta degli azionisti, come è generalmente il caso anche dell'amministratore delegato. Ma in diverse altre situazioni non necessariamente così.

Ovviamente le combinazioni sono molteplici.

Nella scrittura di questo libro non potevo che fare riferimento ad un modello "tipo", ovviamente semplice, per illustrare i concetti e i metodi di gestione aziendale.

Questo modello "tipo" è che esiste un azionista o un gruppo di azionisti che hanno assegnato a un professionista il ruolo di condurre gestionalmente l'azienda di loro proprietà. E che a questi abbiano dato le deleghe operative necessarie per l'esercizio del ruolo (che gli/le serviranno per mettere in pratica il resto del contenuto di questo libro).

Altrettanto, all'interno di questo modello l'azionista ha il ruolo dell'investitore diciamo "conscio" (ossia non passivo). Che è fatto di governo e di controllo dell'operato dell'azienda e di assunzione di quelle decisioni che gli spettano (o perché gli sono riservate o perché così si è accordato con il responsabile operativo).

Un esempio penso abbastanza esplicativo potrebbe essere quello di una società di proprietà di un fondo di private equity, dove questa separazione di ruoli è spesso molto netta e molto chiara.

Vi trovate in una realtà diversa? Ad esempio perché la figura descritta in questa sede come "direttore generale" è in effetti assegnata in parte a uno che si chiama direttore generale e in parte a un amministratore delegato? Ed entrambi hanno responsabilità operative all'interno dell'azienda? Magari il primo segue le attività commerciali e di funzionamento della macchina operativa e l'altro è più focalizzato sui controlli? E assieme condividono le decisioni sulle tematiche più rilevanti?

Ebbene in questo caso, secondo me, il libro dovrebbe leggerlo tutti e due. I concetti si applicano in modo altrettanto calzante a entrambi i ruoli. Nel senso che, prendendo lo spunto dal titolo di questo libro, entrambi svolgono la funzione della "direzione", solo che lo fanno da due posizioni di responsabilità nominativamente diverse. Come detto, diamo solo per scontato che soprattutto sulle tematiche trasversali (ad esempio, lo vedremo successivamente, sulle modalità di gestione del personale) sviluppino un orientamento di comune accordo e lo facciano sulle base delle metodologie descritte in questo testo.

Quello che voglio dire è che esiste un mondo che è quello della gestione operativa. E un mondo che è quello dell'esercizio del diritto di proprietà. Questo libro parla di come, chiunque abbia responsabilità apicali nello svolgimento della prima di queste due funzioni, possa secondo me essere efficace nella conduzione del suo compito.

E questo chiunque, ai nostri fini, l'ho chiamato "direttore generale".

Tutto questo non serve a far carriera ... però forse un po' sì

Un momento! Mi ero dimenticato!

Il libro non serve a fare carriera.

Quella è tutta un'altra cosa.

Questo libro serve per chi una parte significativa delle sue responsabilità, come abbiamo appena detto, le ha già acquisite.

Ossia, per chi gestisce un'azienda, una business unit che assomiglia a un'azienda o volendo anche una funzione aziendale che in parte ripropone la struttura di un'organizzazione complessa.

E se siete responsabili di un ufficio di cinque persone, magari i temi sono un po' troppo ad ampia portata.

Però devo dire una cosa.

Sia per il giusto livello di interesse personale (non tutti coloro che leggono i libri di storia poi sono pronti ad andare in guerra), sia magari per una questione di ambizione (un giorno potrei diventare io il capo) i contenuti di questo libro potrebbero essere dei buoni spunti.

E poi, penso che un capo che condividesse i contenuti del libro, gradirebbe che i concetti descritti fossero già condivisi e metabolizzati dai colleghi.

Di sicuro, di fronte ad un capo di quel tipo, chi ragiona in modo non dissimile dai contenuti di questo libro potrebbe avere una chance maggiore di ricevere i riconoscimenti del caso (monetari e, se possibile, di carriera) rispetto a chi i ragionamenti di questo libro non li sa oppure li sa, ma se li lascia scivolare addosso.

Alla fine, quindi, spero costituisca una buona lettura per molti di voi.

Precisazioni metodologiche

Una breve nota metodologica. Il libro è scritto senza nessuno specifico mercato in mente. Per citarne una, gli esempi monetari sono in euro, ma potrebbero essere in dollari o in franchi svizzeri e non cambierebbe niente.

L'elenco di sistemi e pratiche aziendali è abbastanza numeroso. Ovviamente sono tutti stati pensati in ottica di piena legittimità e rispetto delle regole. Il mondo però è grande e cambia col tempo. Quindi, se il libro lo leggete nel 2050 e lo provate ad applicare nella neo costituita repubblica della Kamchatka (da Risiko) tenete conto di questo fattore e se pensate sia una buona idea fate un paio di verifiche in più.

All'interno del testo sono citati molti esempi. Sono tutti reali, non sono inventati. Ma per proteggere l'identità delle persone e delle società cui si riferiscono sono, in alcuni casi, non circostanziati in modo preciso o leggermente modificati.

Per ultimo, ci sono diversi riferimenti storici, che però sono, soprattutto, una collezione di eventi ed episodi che fanno parte della cultura generale o addirittura popolare. Per questo, sono privi di note.

Sintesi

L'obiettivo di questo libro è spiegare come si fa a gestire un'azienda diciamo tipica, quella dove lavora la maggior parte delle persone.

Parte tutto dal vostro divertimento e dalla vostra gioia nel lavorare. Se ci sono avete messo le basi giuste.

Da quel momento in poi dovrete concentrarvi sul fare le cose sensate: buona parte del successo deriva dal far funzionare le cose normalmente e dal lavorare sulla gestione operativa, non sulle grandi idee.

Non è necessario (e magari neanche utile) provare a copiare integralmente gli altri e/o essere dei grandi condottieri: voi siete perfettamente adeguati.

Ne verrà fuori un'organizzazione equilibrata, che funziona bene e per questo di grande successo nel tempo.

L'IMPOSTAZIONE GENERALE DELL'AZIENDA

Lo scopo di lucro e le condizioni perché il lucro sia sano

Su questo tema è meglio che non ci siano equivoci.

Lo scopo unico dell'azienda è quello di creare reddito e valore (ossia reddito continuo e crescente nel tempo). Il primo in accezione economica, il secondo in accezione patrimoniale.

Come ho detto, su questo non ci devono essere dubbi. Le aziende esistono per il beneficio degli azionisti e il lavoro del capo è fare in modo che questo succeda.

In caso contrario non sono aziende, ma qualcos'altro e allora il titolo del libro che state leggendo non è quello giusto.

Che vuol dire che un azionista ci mette del capitale e questo capitale (piccolo o grande a piacere) gli deve fruttare un ritorno almeno superiore al suo costo, ovvero, simile o superiore a quello che potrebbe ottenere dal rendimento di investimenti simili.

E questo rendimento deve essere preferibilmente stabile o crescente nel tempo, in modo da dare all'attività in oggetto un "valore". L'investimento nell'azienda non è una cosa che esaurisce i suoi effetti nel periodo in corso, ma permette di ottenere dei benefici nel futuro, appunto perché l'azienda stessa ha un presenza strutturale e la sua attività è continua. Per questo un'azienda è vendibile (mentre non è vendibile una cosa che da domani non produce più reddito, anche se lo ha fatto sino a ieri). E il suo prezzo di vendita potenziale è l'indicazione del valore prodotto.

Dopodiché il reddito e il valore prodotti devono essere sani. Ossia devono essere generati soddisfacendo alcune condizioni chiave. Soprattutto è il reddito che deve essere prodotto in modo sano, perché se le cose non sono fatte bene allora non durano nel tempo e il valore, che è il cumulo dei redditi futuri, automaticamente ne subisce le conseguenze.

La più importante di queste condizioni è quella di fare qualcosa di utile per il cliente. Tanto ovvio quanto a volte disatteso. Fare qualcosa di utile per il cliente vuol dire vendergli qualcosa che serva, che non si rompa dopo due settimane, a un prezzo dove si vince in due (ossia permette a voi di guadagnare in modo adeguato ed eviti di tirare al cliente una sola perché non ha capito che cosa ha comprato). Ogni tanto succede. Altre volte no. Al supermercato succede spesso: ci sono tante cose esposte, che compriamo perché ci piace il loro gusto, dove c'è scritta la data di scadenza e dove il confronto dei prezzi ci permette di fare una scelta economica ragionata. E comunque il taglio medio dell'acquisto è sufficientemente piccolo per non rischiare molto.

Altre volte succede meno. L'esempio spesso citato è quello di alcuni prodotti finanziari, dove esistono due problemi di base: il frequente disallineamento strutturale di informazioni tra chi vende e chi compra (il primo spesso ne sa di più del secondo) e la limitata trasparenza del prezzo (in banca non vi danno lo "scontrino" o qualcosa di altrettanto immediato). Un esempio al riguardo: tanti di noi hanno investito in fondi comuni di investimento. Pochi di noi conoscono il contenuto del fondo (mentre magari saprebbero citare a memoria le calorie di una bevanda zuccherata) e ancora di meno sanno quanto hanno pagato all'intermediario in commissioni di gestione il mese scorso (mentre molti di noi si ricordano quanto è stato l'ultimo scontrino del supermercato).

Questo permette, in teoria, di vendere cose che non sempre sono veramente utili al cliente (magari un po' di più a chi le vende) e di caricare delle tariffe molto vantaggiose (sempre per chi vende). E' quindi potenzialmente una forte tentazione perché permette di ottenere dei guadagni significativi molto rapidamente.

E' una tentazione che va sedata e se il profitto è generato facendo leva su questi elementi, il profitto non è sano e se così è non va bene. Non è giusto e prima o poi si ritorce contro chi ci prova.

Sempre in tema di clienti, una situazione intermedia è costituita dai beni dove le persone accettano di strapagare per degli oggetti che danno un beneficio molto particolare: l'immagine.

All'università il professore lo chiamava l'"effetto gonzo". Che è la ragione per cui un cliente è pronto a pagare per un vestito di marca cifre molto più alte che per un vestito non di marca, anche se della stessa qualità. Qua, secondo me, la situazione è più semplice: l'importante è che il gonzo sappia coscientemente di essere tale (e quindi all'inizio lo abbia scelto). Che è un caso secondo me molto frequente. Allora nella generazione di questo tipo di lucro non ci vedo nulla di male.

La seconda condizione per generare reddito sano è che sia stato fatto dando ai colleghi che lavorano in azienda una buona piattaforma di gratificazione e crescita professionale. Ovvero, che l'azienda si sia impegnata, nel conseguimento dei suoi risultati, a garantire ai suoi dipendenti l'opportunità di svolgere un lavoro nei limiti del possibile interessante, organizzato bene, riconosciuto da un sistema di valori monetari e non, e via dicendo. E che altrettanto, l'azienda si sia impegnata a permettere alle sue risorse di cogliere le opportunità di miglioramento su almeno uno dei due assi di sviluppo della persona: o quello tecnico, o quello gestionale. Ossia non le abbia confinate per tutto il tempo della collaborazione a fare lo stesso lavoro ripetitivo, senza varietà e senza miglioramenti.

Le aziende che così non fanno sono un po' degli "spremilimone". Anche questo ovviamente non va bene e il reddito prodotto accettando situazioni di questo tipo è un reddito che vale poco. E come ho già accennato, in presenza di un mercato del lavoro fluido queste aziende rischiano moltissimo.

L'ultima condizione è di fare le cose in modo onesto. Che vuol dire comportarsi bene quando le leggi non sono scritte. E obbedire alle leggi quando invece qualcuno le ha messe nero su bianco. I debiti si pagano. Le promesse si mantengono. Le fregature non si tirano. E via dicendo. E quando le leggi non sono chiare comportarsi in modo da essere sinceramente convinti di fare le cose giuste.

Che bella un'azienda che guadagna un mucchio di soldi e lo fa dando valore al cliente, gestendo bene le sue risorse e comportandosi correttamente al suo interno e verso l'esterno!

Se posso aggiungere un elemento di cinismo, devo anche dire che io ho sempre pensato che sia più facile produrre reddito in questo modo invece che in modo meno sano. Per una semplice ragione: un reddito prodotto in modo sano è un reddito "semplice"; il reddito prodotto in modo non sano è un reddito "complicato". E' complicato perché i clienti non sono contenti, i colleghi pure e c'è un mucchio di gente che ci fa causa. Tutte robe che costano un mucchio di soldi, ci fanno perdere un mucchio di tempo e tolgono l'attenzione dalle cose veramente importanti. Per cui, ben che vada la scorciatoia (tutto incluso) porta allo stesso risultato della strada diritta. Mal che vada, paradossalmente, richiede più tempo per essere percorsa.

Un'ultimissima ragione per cui il profitto è una cosa buona, e quindi è accettabile averlo come obiettivo primo dell'esistenza dell'azienda, è che regola i rapporti in modo chiaro e inequivocabile.

Il tipo di utilità delle parti non è oggetto di fraintendimenti. Appunto perché è regolato da un rapporto economico, da un numero.

Ho sentito dire: "io i favori li pago così li posso chiedere una seconda volta".

Oppure anche: "la gente raramente ti dice cosa pensa veramente di te, ma nessuno batte in sincerità il tuo bonus".

Che c'è di male in tutto questo?

Il focus sullo sviluppo continuo e la parallela creazione di competenze

Un'azienda esiste perché è un corpo vivo, in continua trasformazione.

Le aziende "stabili" non esistono. Se le sono già mangiate quelli della concorrenza.

Gli unici che si possono permettere di essere "stabili" sono coloro che non si confrontano con il mercato (oramai quasi più nessuno).

E questo è già un bello stimolo.

Però la concorrenza è un fenomeno esterno e quindi la dinamicità dell'azienda, da determinati punti di vista, se vista solo in quest'ottica, può essere interpretata come "reattiva".

Compito del capo è invece chiedersi se la vita e la vivacità dell'azienda debbano essere limitate allo spirito di sopravvivenza (per difendersi dalla concorrenza) o debbano anche essere il prodotto di uno sforzo di sviluppo endogeno (cambio e mi trasformo perché è bello farlo).

Ovviamente penso che sia opportuna la seconda delle due cose.

Ovvero che il capo debba continuamente creare gli stimoli per una trasformazione dell'azienda, mirati sì a reggere la sfida del mercato, ma in parte fini a sé stessi. Questi sforzi producono benefici, ma non sono necessari in senso stretto per la sopravvivenza dell'impresa. Servono anche a qualcos'altro.

Quest'approccio è opportuno per vari motivi. Il primo è che bisogna dare ai colleghi un motivo per esistere. E non si esiste per rifare pedissequamente quello che si è fatto ieri. Perché dopo un po' ci pensa una macchina o un altro di noi con dieci anni di meno e un po' più di entusiasmo nel fare le cose. Ai colleghi bisogna sempre passare il messaggio che nel prossimo viaggio si scoprirà qualcosa di nuovo. Così ci si tiene in vita: perché si capisce che il domani porterà delle novità. Cose nuove da fare, da imparare, da realizzare. Anche il mercato ci tiene vivi, ma come dicevo è bello pensare che non siamo qua solo a difenderci, ma anche ad attaccare. E ricordiamo che la noia è pericolosissima. Ci ammazza la voglia di fare e di ottenere risultati. E la prima causa della noia sono la stabilità e la monotonia.

Il secondo è che le mille idee e iniziative che rendono un'azienda dinamica, naturalmente se ben orchestrate, la rafforzano in modo formidabile. Ricordiamoci che sto parlando di cose che possono essere gestite tutte dall'interno e non dipendono da economia, domanda della clientela e altri fattori esogeni. Si può rendere più solida la base ricavi, si può rendere più efficiente la struttura di costo, si può ottimizzare il profilo dei rischi. Mille cose che se va bene hanno comunque un bell'impatto sul reddito dell'azienda. Se va male, nei momenti difficili, ci rendono la sopravvivenza molto più agevole. Perché ci siamo fatti venire in mente prima le cose da fare, non siamo con l'acqua alla gola cercando soluzioni che per forza devono produrre effetti immediati e stiamo già capitalizzando dalla messa in opera delle iniziative fatte nei periodi passati.

In sostanza, un'azienda che compie questo percorso sviluppa un bagaglio di competenze di valore inestimabile.

E se è intelligente, lo incorpora il più possibile nell'infrastruttura di funzionamento. Così diventa un tutt'uno con l'azienda stessa e quasi cessa di essere legata al collega A o al collega B. Ad esempio: una bella innovazione di processo, se può essere codificata nei sistemi informatici non dipende più dalla buona volontà delle persone coinvolte nei processi stessi, ma diventa patrimonio eterno dell'azienda. Nessuno scardinerà il nuovo modo di fare le cose sino a quando non arriverà una nuova innovazione. E l'azienda sopravvivrà al percorso che potranno seguire i suoi dipendenti. E' l'azienda che è forte. Chiaro che questo approccio a sua volta può produrre il nemico: è HAL (HAL era il computer di "2001 Odissea nello spazio" che, progettato per aiutare l'equipaggio, a un certo punto del tragitto si ribella e prende il controllo dell'astronave), l'elemento irremovibile, che nell'esempio di cui sopra può diventare il sistema informatico che ha incorporate le innovazioni di processo che nel frattempo sono diventate vecchie. Ragione in più per continuare a investire e seguire la continua ricerca del potenziamento strutturale. Così anche HAL non se la passerà liscia, perché deve cambiare anche lui.

Quando un capo vede attorno a sé della stabilità o della scarsa capacità a costruire delle competenze deve andare nel panico.

Tra l'altro, se è lui/lei che se ne accorge, che comunque di stimoli ne ha tanti, gli altri avranno provato le stesse sensazioni sei mesi prima.

Un capo deve avere l'ambizione di non vedere nessuno dei suoi colleghi annoiati, di riconoscere che ciascuno di loro nel tempo è diventato un professionista di qualità superiore e di rendersi conto che l'azienda nel suo complesso è più forte di prima.

Se non ha questa sensazione, probabilmente i missili sono già stati lanciati e quando li vedrà apparire all'orizzonte sarà oramai troppo tardi.

Lo sapete che uno dei problemi delle V2 (i missili che Hitler lanciava su Londra alla fine della seconda guerra mondiale), a differenza delle V1, è che erano supersoniche? Quindi, le vittime non si accorgevano del loro arrivo. Il suono arrivava dopo l'esplosione. Al contrario, nei bombardamenti normali, prima si sentiva il rumore della bomba che cadeva e poi arrivava l'esplosione.

E' la stessa cosa.

Se accettate la noia, non vedete vitalità attorno a voi, pensate a sei mesi prima e vi sembra che le cose che facevate al tempo sono le stesse che state facendo ora, correte ai ripari il prima possibile. Perché se no magari non vi accorgerete neanche che vi stanno annientando.

Ho conosciuto una persona che, molto conscia di questo tema, quando temeva che la gente si assopisse troppo in attività ripetitive, cambiava la disposizione degli uffici. Serviva anche un po' a fare pulizia (sosteneva che buttava via il 50% dei documenti archiviati), ma soprattutto dava ai colleghi un'iniezione di vitalità.

L'azienda è un corpo vivente, voi ne siete il motore.

Se non si muove e non impara muore (e voi, professionalmente, insieme a lei).

La successione di obiettivi raggiungibili

Altro tema fondamentale è quale sia la velocità giusta di trasformazione dell'azienda (diciamo in un periodo senza shock esterni).

Io sono molto convinto, e comunque in coerenza con la nozione di sviluppo continuo, che la velocità debba essere moderata.

Ovverosia che è meglio procedere un pezzetto alla volta, piuttosto che fare degli sbalzi significativi, e peggio ancora, ripetuti nel tempo.

La principale ragione della velocità moderata è la sostenibilità. L'alta velocità non lo è (sostenibile). E mentre il treno su una linea dedicata non ha ostacoli davanti a sé, sull'autostrada una macchina normale non riesce a sostenere ritmi molto elevati (e poi c'è pure il codice della strada). E, mal che vada, fa anche un incidente.

Il mondo è pieno di esempi di insostenibilità. Pieno. Costruiti per le mille ragioni del mondo. L'ambizione non calmierata dalla pazienza. La nozione che tutte le opportunità bisogna coglierle subito perché poi non si ripresentano. E via dicendo.

L'esempio magari più eclatante sono le aziende che compiono dei percorsi di acquisizione molto veloci. D'altra parte, se il target è in vendita adesso non è che possiamo aspettare. E dopo qualche mese o qualche anno si trovano di fronte a dei "molock" ingestibili, fatti di decine di società spesso in perdita e di attività economiche che hanno un azionista unico, ma poco altro in comune. E invece, sarebbe stato molto meglio procedere con un percorso di acquisizioni più misurato. Capitalizzare i benefici dell'integrazione. E dopo aver portato a casa un pezzo della pagnotta lanciarsi nell'iniziativa successiva.

Perché poi il paradosso è che se uno ha un po' di pazienza, al giro dopo l'azienda probabilmente se la compra lo stesso: l'ha messa in vendita il primo acquirente, che ora è costretto a dismetterla per rimettere le cose a posto.

L'essere umano e le organizzazioni complesse ancora peggio, non sono in grado di fare troppe cose difficili contemporaneamente. Rassegniamoci. Ma al tempo stesso prendiamo spunto da questo principio per focalizzarci sulla cosa veramente importante, la costruzione del successo passo dopo passo, e quindi per assicurarci i risultati di lungo periodo.

Per il capo è spesso difficile. Viene continuamente la tentazione di aggiungere cose da fare. In perfetta buona fede e per il bene dell'azienda.

Ma il capo di qualità si deve autodisciplinare e deve scaricare su sé stesso e sull'organizzazione un numero di obiettivi gestibili. E convivere con l'ansia e l'insoddisfazione del non fare tutto subito. Che poi è la garanzia per fare tutto veramente (solo non subito).

Io di gente che riesce a violare questa regola e vincere lo stesso non ne conosco.

Le seconda ragione per seguire un approccio di questo tipo è che dà una sensazione di vittoria a sé stessi e ai propri colleghi. In un mondo fatto che non si deve vincere la Coppa del Mondo ogni giorno (che non si vince mai), si vince molto più spesso.

Se gli obiettivi che si perseguono sono umani e raggiungibili, si vince continuamente.

E quando ci si rende conto che si è in grado di vincere, la volta dopo viene voglia di vincere di nuovo e probabilmente ce la si fa.

E sia il capo, sia i suoi colleghi, si sentono molto più forti e motivati se hanno la consapevolezza di essere in grado di ottenere risultati, appunto perché l'hanno fatto fino a ieri (dato che gli obiettivi erano effettivamente ottenibili).

Una manifestazione molto visibile di questo tema è il modo in cui è costruito il budget. E' meglio un budget del + 20% raggiunto al 15%? O è meglio un budget del + 10% raggiunto al 12%? La domanda vera è: per quanto tempo? Nel senso che è ovvio che domani mattina è meglio il primo caso, ma quello che io sostengo è che, sia il capo, sia i suoi colleghi, non sono gratificati dal sentirsi dei perdenti strutturali (anche se la performance assoluta è di grande rilievo). Ed è molto meglio ottenere un pochino meno oggi, per essere sicuro di poterlo raggiungere anche nei periodi successivi. E perché? Perché penso di potercela fare! Mentre nel primo caso magari riesco sì a ottenere dei risultati assoluti migliori nel breve periodo, ma poi mi stufo perché non riesco mai a ottenere gli obiettivi che mi ero prefissato. E quindi sono un perdente. E con i perdenti, nel tempo, non si vince.

Una terza e ultima ragione è la mala fede. Quando un sistema è messo sotto stress eccessivo produce dei comportamenti distorsivi. Nel senso che siccome le cose di qualità richiedono del tempo per essere costruite, se chi me le chiede non accetta questo principio, io, pur di accontentarlo, della qualità non mi curo. Tanto la gente se ne accorgerà solo nel tempo: magari avrò già cambiato posizione o addirittura lavoro.

Mi vengono i brividi solo a pensarci.

Mi ricordo un caso dove la struttura aveva accettato entusiasticamente gli obiettivi irrealistici richiesti dal capo. Così lo facevano contento. E il capo in cambio cos'aveva ottenuto? Robaccia. Esteriormente risultati che rispondevano all'obiettivo che lui aveva dato. Nei fatti, niente. Solo perdite. Si trattava di una rete distributiva bancaria. E il capo voleva tante filiali. E tante filiali aveva ottenuto. Peccato che i prezzi degli affitti fossero esorbitanti e che le filiali fossero vuote (non c'era stato il tempo per riempirle con risorse di qualità). In una particolare zona di una città c'era una filiale a pochi metri di distanza dall'altra. D'altra parte il capo mica aveva detto che non le voleva vicine. Lui aveva solo detto che ne voleva tante. E, di nuovo, tante ne aveva ottenute. Però di unità improduttive, con una struttura di costo molto pesante e con casi limite di totale sovrapposizione.

Quindi un capo si deve autodisciplinare anche per questa ragione. Perché se le richieste che fa sono irragionevoli, le risposte che avrà lo saranno altrettanto. A un costo che né lui/lei, né peggio ancora i suoi azionisti, saranno disposti a sopportare.

La condizione numero 1: la responsabilizzazione

Il problema di molte aziende è che ci crede il capo, ma gli altri no.

Chi sta in cima ha tutte le idee e le impostazioni giuste, ma quando si tratta di lanciare l'attacco, si gira a vedere quante truppe lo stanno seguendo, e si accorge che non c'è nessuno.

Le battaglie non si vincono da soli e le guerre tantomeno.

Invece, la ragione principale per cui tutte le vostre belle idee verranno realizzate è che i vostri colleghi ci credono, magari non proprio come voi, ma almeno quasi come voi. E se ne sentono responsabili.

Sopra tutto: l'azienda ha come obiettivo la creazione di reddito e valore. Voi l'avete capito e ci credete. Il minimo della vostra ambizione organizzativa è che tutto il vostro management team e possibilmente anche le seconde linee l'abbiano capito e ci credano.

E in senso più lato, vuol dire che ognuna delle risorse chiave, e sarebbe bello anche qualcuna di quelle non chiave, si senta responsabile e compartecipe al programma di produzione di risultati dell'azienda.

Per l'ennesima volta, anche se è un'affermazione abbastanza banale, è lungi dall'essere scontata.

Una cosa abbastanza comune è che le persone di livello si sentano responsabili di fare qualcosa, ma non necessariamente si sentano responsabili di produrre reddito. Tutti questi hanno delle persone da gestire, e si sentono responsabili di gestirle. Ma se l'azienda è in perdita non è un loro problema. Loro il loro dovere l'hanno fatto. Hanno gestito le loro risorse e le loro attività. E che vuoi di più? Mica è colpa mia se i commerciali non hanno fatto il loro compito, se c'è la crisi economica, e via dicendo.

Invece, se l'azienda non sta producendo reddito, nessuno deve dormire sonni tranquilli.

Ovviamente, la cosa peggiore in assoluto è che le persone non si sentano responsabili né degli elementi economici, né di quelli operativi (quelli appena citati). Mi hai chiesto di fare una cosa, la faccio. Serve, non serve, soddisfa l'obiettivo che l'azienda si era posta, non lo soddisfa. Non è un mio problema. Mi hai detto di farla, io l'ho fatta, il resto dei problemi sono tuoi.

Sono quelli che, in un momento topico della vita dell'azienda (il lancio di un importante nuovo prodotto, l'entrata in vigore di una nuova normativa, un momento di picco stagionale dell'attività) vengono da voi e vi chiedono due settimane di ferie perché sentono il bisogno di prendersi una pausa (non c'è nulla di male nelle pause, ma anche loro devono essere fatte al momento giusto).

Io sono io, l'azienda è un'altra cosa, il cervello l'ho lasciato a casa, magari me lo rimetto quando torno lì che devo parlare con i miei famigliari, per il resto del tempo dammi un ordine, io te lo eseguo, il resto sono tuoi problemi.

Fa quasi ridere, ma ogni tanto non succede anche a voi di testimoniare situazioni di questo tipo?

Ovviamente se di questi tipi organizzativi, di entrambe le categorie, in azienda ce ne sono molti, "we have a problem". Un'azienda siffatta non ha nessuna chance di produrre risultati eccellenti e mostrerà una parvenza di funzionamento solo perché ci sono due/tre risorse chiave che si caricano delle ansie e delle preoccupazioni di tutti gli altri, parcellizzano compiti da eseguire ai loro colleghi e l'ultima volta che si sono fidati a far decidere qualcosa a qualcuno che gli lavorava attorno c'era ancora la TV in bianco e nero.

In un'azienda che funziona bene, invece, le persone che contano e un pezzo di quelle che contano meno pensano che il loro ufficio sia una dependance di casa loro.

A casa uso il cervello, in azienda uso il cervello. A casa mi comporto con l'approccio del buon padre di famiglia, in azienda mi comporto con l'approccio del buon padre di famiglia. Che alla fine vuol dire che ognuno si deve comportare in azienda come se l'azienda fosse sua. E se la gente pensa che dalla salute del proprio datore di lavoro dipenda la propria salute, e non considera i due aspetti come completamente slegati, allora le cose cambiano in modo radicale. E tutto funziona "ma molto meglio" è dir poco.

A una conferenza di qualche tempo fa ho sentito che il direttore generale di un'azienda (era lo speaker, reo confesso) soffriva di questa sindrome. Fino a quando era solo dipendente (in quel caso era successo che lui poi avesse rilevato una quota della società) ammetteva di comportarsi da tale e che non sempre il suo sistema di obiettivi era allineato con l'azienda di cui era il capo. Gli esempi banali che faceva erano sulle sue spese di "travel and entertainment". Di fronte ad un pubblico abbastanza folto, ammetteva che prima faceva un cattivo uso delle risorse aziendali, naturalmente a suo beneficio (voli in prima classe quando anche la business class, se non l'economica, andava benissimo; vini riserva 1922, quando annate più recenti gli avrebbero comunque dato il 98% della gratificazione; e via dicendo). Adesso che la sua ottica era cambiata si comportava in modo diverso e faceva quello che normalmente decideva di fare con i suoi soldi quando la materia in discussione erano le decisioni domestiche. Usava il cervello e il buon senso.

E se questo era il capo, possiamo immaginare qual era il comportamento dei suoi sottoposti. Da determinati punti di vista, uno può anche essere sorpreso che sia sopravvissuto e che i suoi azionisti non se lo siano mangiato prima.

Chi vuole costruire un'organizzazione vincente non ha alcuna scelta. Si deve assicurare che tutti i colleghi parlino la stessa lingua, quella del capo; tutti abbiano capito la ragione per cui l'azienda esiste, quella di generare reddito e valore a favore degli azionisti; tutti abbiano metabolizzato il concetto che stiamo tutti dalla stessa parte e i problemi dell'azienda sono anche i miei (e quindi adesso li risolvo o do una mano a farlo).

Il valore della propaganda

La domanda principale, ovviamente, è cosa può fare l'azienda per facilitare il percorso di responsabilizzazione dei colleghi.

Io ho un'idea mirabolante! L'idea è "parlarne" (prima di tutto).

Nel corso di questo testo parleremo anche di tattiche e modalità gestionali più specifiche, ma se non lo dici a nessuno vuol dire che non ti interessa o magari ti interessa, ma nessuno lo sa e se nessuno lo sa, la possibilità che molti se lo facciano venire in mente da soli è abbastanza remota.

Io raccomando caldamente a tutti i direttori generali che leggono questo libro di dire e ridire e ridire ai propri colleghi quali sono gli obiettivi dell'azienda. Di chiarire in ogni momento che la finalità dell'esistenza dell'azienda è di remunerare l'azionista e che ognuno di loro è lì per soddisfare questo obiettivo. Che come abbiamo detto in precedenza, alcuni requisiti debbono essere soddisfatti (valore per il cliente, benefici per i colleghi, rispetto delle norme e delle regole), ma che la ragione per cui andiamo in ufficio la mattina è quella.

Bisogna dirlo in sede di budget (lo vedremo), in sede di controllo (lo vedremo) e ogni giorno della propria esistenza in azienda.

I vostri colleghi non devono avere alcun dubbio e dato che lo ascoltano da voi lo devono fare proprio perché se voi ne parlate continuamente probabilmente vuol dire che è importante.

E la comunicazione continua non deve essere solo ed esclusivamente in forma oratoria (ossia dal podio). Non è che ne dovete parlare solo durante i discorsi che fate nelle vostre sedi istituzionali. L'argomento deve invece permeare le cose che dite ogni giorno nello svolgimento del vostro ruolo di capo.

Le domande, ad esempio, sono efficacissime. Io trovo estremamente utile dire "quanto costa" oppure (anche se è un po' più difficile) "quanto ci rende". All'inizio qualcuno balbetta. Dopo un paio di settimane vi diranno quanto costa al pezzo (il fatto che ne abbiate comprati 100.000 pezzi a qualcuno apparentemente non importa, ma dopo un po' succederà anche quello). Dopo un altro paio di settimane cominceranno a metterci dentro i costi accessori (tipo il trasporto). Dopo un po' ancora ragioneranno anche sull'Iva (in diversi casi e in diversi paesi, l'Iva è indeducibile; ad esempio, spesso quella sulle auto; nonostante questo, molte persone hanno difficoltà a considerarla un costo). Alla fine del percorso, avrete ottenuto il vostro successo se la risposta sarà: "a conto economico ci costa 240.000 euro tutto incluso". Che è come ragionate voi quando andate a far la spesa. A voi interessa solo quello che c'è scritto sullo scontrino; non penso diate molta attenzione al fatto che una bottiglia d'acqua (ne avete comprate 12) costi 20 centesimi e poi c'era l'Iva del 10%. Volete solo sapere che avete speso 2,64 euro per l'acqua.

Oppure, dobbiamo assumere un nuovo dipendente: "prende 1.000 euro netti al mese". Non è quello che ho in mente. A me interessa sapere qual è il costo azienda, diciamo annuale, tutto incluso. Il resto sono dettagli meno importanti.

In questi esempi, ogni volta che ricevete una risposta diversa da quella che avreste voluto ricevere, rifategli la ramanzina sul perché esistiamo e su come ognuno di noi dovrebbe ragionare.

E vedrete che dopo un po' la gente comincia a capire la solfa. Anche perché non è una cosa nuova per loro. A casa lo fanno già.

Un po' più ostico è il "quanto mi rende". Le aziende fanno molte cose, ma non necessariamente i colleghi ogni volta si chiedono il perché. Ossia la domanda "qual è il beneficio che ottengo dallo svolgere quella particolare attività?" non necessariamente se la pongono. Lo faccio perché aumento i ricavi, perché riduco i costi o perché ottimizzo i rischi? Oppure lo faccio per la gloria o perché me l'hai detto tu? Ovviamente, fare delle valutazioni sul ritorno economico è più difficile che dire semplicemente "quanto costa", il caso di prima. Ma voi non avete bisogno di risposte perfette. Volete solo avere un'indicazione di massima del risultato che si può ottenere dalla realizzazione di una determinata cosa.

Nel tempo, fare questa domanda permea di una disciplina intellettuale formidabile la vostra azienda. Trasforma persone trascinate dagli eventi, anche membri del management team, in professionisti maturi che si chiedono il perché delle cose. E la vostra azienda si dedicherà alle attività utili invece che a tutto quello che mi passa davanti. E' la stessa differenza tra chi risponde alle sue e-mail dalla più vecchia alla più recente rispetto a chi guarda il suo inbox, pensa 10 secondi, e comincia a rispondere a quella più importante (e magari quella meno importante la cestina direttamente). I primi non pensano e lasciano che qualcun'altro gestisca le loro attività indipendentemente dal fatto che generino dei benefici o meno. I secondi rendono un'azienda forte.

La propaganda consiste nella vostra disciplina nel fare incessantemente anche questa domanda. Fatela per qualche mese e vedrete che tutti vi seguiranno. Anche perché è razionale e difficilmente la gente vi darà torto.

A fianco dell'uso della vostra lingua, ovviamente, c'è il buon esempio. Sia nel far vedere che quando i ragionamenti li fate voi, sulle iniziative che guidate direttamente, siete sempre perfettamente in grado di rispondere alle due domande di cui sopra ("quanto costa?" e "quanto mi rende?"). Sia nel prendere decisioni che continuamente sono in sincronia con gli obiettivi dell'azienda (ad esempio, se avviate un'iniziativa che serve solo a gratificare voi stessi, ma non a aumentare gli utili, questo vi aiuterà molto poco nella gestione di una propaganda di successo). Sia nel comportarsi di conseguenza nella vita materiale di tutti i giorni. Se ricercate l'efficienza e poi siete disordinato (con la vostra agenda, nella vostra velocità di risposta, ...) questo poco vi aiuterà. Se volete eliminare gli sprechi e poi vi tenete due segretarie e un'assistente e prenotate i biglietti aerei all'ultimo minuto (che notoriamente costano molto di più) anche questo poco vi aiuterà. E molte altre cose ovvie. Voi siete la faccia dell'azienda. La principale manifestazione operativa del suo funzionamento.

Quando i vostri colleghi guardano voi, stanno guardando ciò che voi volete veramente che l'azienda sia. E quindi è fondamentale decidere e comportarsi di conseguenza.

Questi ragionamenti sul buon esempio valgono anche per le condizioni di cui abbiamo parlato prima: quelle che devono essere soddisfatte perché gli obiettivi di generazione di reddito e di valore vengano pienamente raggiunti. Il vostro comportamento sarà osservato diciamo più sulle vostre decisioni nel caso di soddisfazione del cliente (dato che è probabile che con il cliente avrete pochi contatti e quindi è difficile che agiate di persona) e più sulla materialità delle vostre azioni dirette per quanto riguarda il rispetto dei colleghi e delle norme. Se dalle vostre decisioni nascono dei danni per il cliente (ad esempio, avviando una campagna prodotto massiva, quando per sua natura l'oggetto che vendete non è adatto a tutti) passerete il messaggio sbagliato e, a poco a poco, anche i vostri colleghi non saranno rigorosi nell'utilizzo corretto delle leve commerciali. Se gestite male il vostro management team è certo che questi gestiranno male le persone delle loro funzioni. Se siete scorretti con loro, loro saranno scorretti con gli altri. Se chiudete un occhio sul rispetto della norma e vi comportate in modo non opportuno vi coltiverete un gruppo di malviventi in casa o anche, se non vi chiedete se quello che state facendo è giusto o sbagliato, non se lo chiederanno neanche gli altri (un problema importante dato che la vita aziendale non è fatta di certezze e spesso ci si trova di fronte a delle aree grigie dove è necessario prendere una posizione).

Questo tema del vostro esempio ha tra l'altro una rilevanza duplice. La prima, è quella che abbiamo detto sinora, è che farlo vi dà una mano significativa a ottenere i vostri obiettivi. La seconda è che se non lo fate la vostra azienda diventa una scatola nera dove nessuno sa veramente quello che sta succedendo o, peggio che peggio, i vostri colleghi lo sanno ma non ve lo vengono a dire. Ossia, se voi non vi comportate bene e non date il buon esempio, è possibile non solo che gli altri non lavorino con degli standard adeguati, ma anche che voi non ve ne accorgiate. O perché l'azienda è comunque un organismo complesso o soprattutto perché ve lo tengono nascosto. Dato che, comunque, hanno un briciolo di senso critico e qualche senso di colpa, sanno che non l'hanno fatta proprio giusta, ma in ogni caso non hanno il coraggio o la voglia di venirvelo a dire, tanto anche voi avete la coscienza sporca. Se così è, passerete la vostra vita a risolvere problemi creati dagli altri invece che concentrarvi sullo sviluppo dell'attività professionale. Oppure ci andrete di mezzo direttamente voi (e dico voi, perché perderete il vostro lavoro e altre cose non molto piacevoli) perché il capo comunque qualcosa per non creare danni doveva pensarlo.

Questa per me è la propaganda. Parlate, decidete in modo coerente e date il buon esempio. Poche cose sono così potenti.

Il ruolo del capo

Un'ultima riflessione sull'impostazione generale dell'azienda è la definizione del vostro ruolo.

Ossia, come passate la giornata? Come occupate il vostro tempo?

Io sono convinto che ciascuno, in effetti ai diversi livelli organizzativi e anche nel vostro caso, debba trovare il giusto mix tra "far fare le cose" e "fare le cose".

Gli estremi non vanno bene. Il gran delegatore non va bene. L'accentratore non va bene.

Ogni capo che si rispetti deve mantenere un'area di elezione dove le cose le fa lui/lei. Magari la scrittura di un documento delicato, una negoziazione difficile con un cliente o altre cose ancora. Questo vi dà il senso della realtà (ossia evitate di vivere completamente ovattati), fa vedere ai colleghi che vi mettete alla prova e, quindi, lo faranno anche loro, li motiva perché se voi vi sporcate le mani anche loro avranno meno freni a farlo.

Chiaro che se fate tutto voi l'azienda procederà a una velocità da lumaca perché il giorno ha 24 ore per tutti. E poi darete molto fastidio ai vostri colleghi che si sentiranno demotivati perché penseranno che le cose le fate voi perché pensate che loro siano inadeguati. "Lascia, lascia che lo metto a posto io" è una delle frasi più devastanti che un capo possa dire. Vuol dire "tu sei un idiota incapace e meno male che ci sono io che risolvo i problemi". Quindi, se avete questo stimolo trattenetevi. Non verrà tutto fuori come ve lo siete immaginato in vitro, noterete molte imperfezioni rispetto al vostro disegno iniziale, ma tutto funzionerà molto meglio e con dei colleghi molto più motivati.

Che sostanzialmente vuol dire che ogni capo che si rispetti deve essere in grado di inquadrare il lavoro delle sue persone (o impostandolo assieme a loro o facendosi raccontare l'impostazione che il collega intende dare al lavoro e commentarla), ma poi le deve lasciare andare, in modo che imparino a districarsi da sole e a trovare in autonomia un pezzo delle soluzioni. Per poi controllare alla fine che i risultati vengano ottenuti.

Ovviamente l'opposto è altrettanto negativo. L'ho chiamato il gran delegatore. Quello che non entra mai nei contenuti. Quello che per parlare di sostanza si deve sempre portare appresso l'assistente. Quello che "ti contatterà una mia persona" e mai lui/lei. Quello che quando gli/le chiedi delle spiegazioni dice sempre "mi devo informare". L'ho sentito definirc il "coordinatore dei coordinatori". Questo è un capo inutile. E' abbastanza probabile che l'azienda non la gestisca del tutto e che, quindi, i risultati siano abbastanza scarsi. E allo stesso tempo che venga deriso dalle persone che hanno a che fare con lui/lei perché non percepiscono nessun valore dalla sua presenza. Devo dire che su questo tipo di persone non sono molto ottimista (nel senso che siano in grado di cambiare): d'altra parte direttori generali sono diventati e, quindi, è difficile che si mettano in discussione. Mi dispiace per loro perché prima o poi li beccano. Magari per un po' di anni riescono a farla franca, ma a un certo punto la razionalità prevale e la pochezza di un individuo emerge. La loro speranza è che emerga "poco prima" della pensione e non "molto prima".

Detto questo, una delle cose fondamentali che il capo deve fare direttamente è di far lavorare bene gli altri. Dico proprio come infrastruttura di funzionamento dell'azienda. Mi sembra che Ronald Reagan, nel suo primo discorso di inaugurazione nel 1981, disse la frase "permettiamo ai nostri fiori di fiorire" o qualcosa del genere. Si riferiva al ruolo dei 50 Stati dell'Unione che dovevano avere la libertà di muoversi e di svolgere in modo efficace il loro ruolo nei confronti dei cittadini. E il governo federale li doveva aiutare in questo. Voi dovete fare lo stesso. Ossia dovete creare le condizioni per cui i vostri fiori (il vostro management team) sia in grado di fiorire (ossia produrre reddito e valore per l'azienda). E mentre vi dovete aspettare che la macchina la guidino loro, voi vi dovete occupare di costruire la strada. Perché tutto il resto può essere giusto, ma se la strada non esiste è difficile andare da qualsiasi parte. E quindi deve essere vostro compito appunto quello di curare l'infrastruttura complessiva di funzionamento dell'azienda, ossia di seguire in prima persona il funzionamento dei processi e degli "enabler" più importanti. E' il capo che deve seguire le politiche del personale, il ciclo di budgeting e controllo, la pianificazione informatica. E' il capo che, nei fatti, deve essere il super responsabile del personale, il super direttore finanziario e il super capo dell'informatica. Non nel senso di sostituirsi ai relativi responsabili di funzione, il cui ruolo è fondamentale, ma di essere profondo ispiratore del loro operato. Che poi vuol dire essere il vero leader delle funzioni "orizzontali". Di quelle che toccano tutto il resto e senza il cui supporto l'attività si ferma. E altrettanto, sempre come facilitatore, il capo è il gestore diretto delle cose che per loro natura non sono incorporate nelle funzioni aziendali, ma sono comunque chiave per l'armonia organizzativa complessiva. Molti elementi a prima vista banali, ma che nei fatti, più che produrre valore, se non guardati in modo attento, diventano generatori di molti sprechi e inefficienze organizzative (ad esempio, la parte immobili/uffici).

Ultima cosa, per essere coerenti con quello che abbiamo discusso nelle sezioni precedenti di questo libro, è che ogni tanto vi tocca pensare in grande. Ossia, fare la strategia. Alcune cose possono arrivare dalla vostra prima linea (una nuova gamma prodotti, magari un nuovo canale distributivo), ma a molte altre è probabile che ci dobbiate pensare voi. In primis l'espansione geografica, dico soprattutto quella internazionale, e le acquisizioni. Sulla prima potrete anche incaricare qualcuno di occuparsene e di studiare al vostro posto. Sulla seconda, vi tocca (molto probabilmente in sincronia con il vostro azionista) e siete voi a dover tener le orecchie aperte e a guardarvi in giro per capire se ci sono delle opportunità e cosa si deve fare per coglierle.

Sintesi

L'azienda deve essere gestita per creare reddito e valore. Però a condizione di rispettare clienti, colleghi e regole.

Il suo percorso deve essere di continuo e graduale sviluppo.

La prima ragione per cui questo succederà è che tutti i vostri colleghi ci hanno creduto, ci credono tuttora e voi, comunque, continuate a ripeterglielo nel tempo e a dare il buon esempio.

Il vostro ruolo in tutto questo è di trovare il giusto mix tra "fare le cose" direttamente e "far fare le cose" ai colleghi, nonché di gestire il funzionamento infrastrutturale dell'azienda.

Ogni tanto dovete anche fare qualche riflessione più strategica …

IL CIRCOLO VIRTUOSO

L'importante è che piaccia anche a voi

Il circolo virtuoso ha un premessa semplice e banale.

La gente passerà il tempo a guardarvi. Non perché siete bello e perché siete vestito bene. Ma perché vi copia.

L'abbiamo appena detto nel capitolo precedente.

Se siete pieno di energia, anche i vostri colleghi lo saranno. Se siete ottimista, anche coloro che vi stanno intorno guarderanno al loro futuro con serenità. Se siete gentile e sorridete, tutti gli altri lo faranno.

E all'incontrario: "se lo fa lui/lei, lo posso fare anch'io". Dico le cose meno gradevoli: come essere maleducati, arrivare in ritardo, e via dicendo.

Quindi il primo pezzo del circolo virtuoso è che se vi aspettate qualcosa dai vostri colleghi, è meglio che cominciate a farlo anche voi.

Se volete un atteggiamento più determinato verso la concorrenza, è opportuno che, nelle occasioni che avete a disposizione, anche voi mostriate questo approccio.

Se non vi piacciono gli sconti è fondamentale che nelle negoziazioni commerciali in cui siete coinvolti in prima persona non vi muoviate di mezzo millimetro.

E farlo in prima persona viene particolarmente bene se l'atteggiamento è sincero.

Ossia, che facciate il capo e assumiate i comportamenti del caso, in primis perché vi piace e lo trovate interessante e giusto.

Se mostrate che quella sedia vi gratifica e i colleghi percepiscono che i vostri comportamenti positivi (dedizione, energia, perseveranza, rispetto, educazione, onestà, ...) sono sinceri, avete cominciato molto bene.

La gente si sentirà "energizzata" dalla vostra presenza e verrà loro naturale riprodurre ciò che fate in prima persona.

Ho letto che Eisenhower (già citato) lo faceva in modo scientifico (apparentemente, a volte in modo anche un po' forzato, ma pare che i tempi lo richiedessero). Pensava che se lui avesse mostrato scarsa convinzione in quello che faceva e poco ottimismo nel futuro, i soldati avrebbero perso la loro motivazione a combattere. D'altra parte, se non ci crede lui, come faccio a crederci io. E visto che il rischio era di lasciarci le penne, sarebbe stato un atteggiamento, questo, distruttivo: magari in molti meno avrebbero corso il rischio e combattuto il nemico.

Si vede tutti i giorni in buona parte delle aziende. Quando il capo è poco convinto, le strutture non si muovono in autonomia. Sia per una probabile avversione al rischio. Ma soprattutto perché se chi ha il ruolo di essere convinto non lo è, allora non mi convinco neanche io. Bang. Tutto fermo per due anni.

Non so perché succede: se è la ricostituzione della figura del padre o della madre, se è qualche effetto endocrino o se è il risultato di un meccanismo di irradiazione mistica.

Però so che funziona. E che è condizione di base perché il vostro percorso sia di successo.

Il contrario è pessimo. Se i vostri colleghi percepiscono che vi state annoiando, che non avete più voglia e altre cose brutte, in pochi mesi il meccanismo principale d'interazione comunicativa sarà rappresentato dallo sbadiglio.

Fare il capo non è obbligatorio. E' vero, si guadagna un po' di più e tutto il resto, ma non è l'unico modo per ottenere i propri obiettivi. Quindi, se lo siete diventato, dovete immediatamente rendervi conto che siete come una lampadina che illumina ciò che vi sta attorno. Ma la lampadina ha bisogno di essere tenuta accesa e per questo c'è bisogno di un continuo flusso di energia. Altrimenti si spegne, la gente brancola nel buio, prima o poi sbatte la testa. E voi con loro.

Il re è nudo

Dando questo punto per scontato, ovvero che vi presentate al lavoro la mattina con la testa alta, il passo deciso e il sorriso sulle labbra, diciamo che le cose si possono fare più tecniche.

Io sono iper-convinto che la cosa su cui iniziare, sin da subito, a concentrare la vostra attenzione è di guardare i vostri colleghi.

Nel senso della misurazione della performance.

Il capo è, non soprattutto, ma prima di tutto, colui/colei che ha in mano il metro e valuta se l'operato delle persone che gli/le stanno attorno è accettabile.

Che non è un concetto esoterico. Vuol dire prendere in mano la calcolatrice e fare i conti.

Non tanto nell'ottica di gestione delle persone (carriere, stipendi, bonus, …). Quello viene dopo.

Ma prima di tutto con l'obiettivo di stabilire i rapporti giusti.

Io sono il capo e ti guardo.

E quello che apprendo non deriva da conversazioni dove tu mi racconti come vanno le cose (o non solo da), ma dal fatto che i calcoli su di te li ho fatti io, esattamente secondo le definizioni di "bello" e "brutto" che ho dato io e sono io che ti racconto come sei fatto. Non sei tu che mi dici quanto sei bello; sono io che ti descrivo come sei fatto.

E mi concentro a guardare le cose importanti, non i dettagli non rilevanti e provo a verificare l'andamento di tutte le aree della tua attività che possono concorrere alla definizione di performance aziendale.

Io lo trovo un tema di rilevanza insostituibile.

Mal che vada crea una cultura di oggettività nelle relazioni tra colleghi (ovviamente, se il capo è in buona fede; se è in cattiva fede, comunque, non penso legga questo libro). Basta con: "stiamo andando bene" (qual è la definizione di bene?). Ma parliamo di: "abbiamo risposto alle chiamate del cliente in 30 secondi, 2 meglio del mese passato" (qua la definizione del bene l'avete data voi: sono i secondi di risposta).

Ben che vada evita gli arbitraggi informativi. Non esiste persona al mondo che vi descriverebbe la propria performance confrontando in modo equilibrato i più e i meno. Anche il miglior padre di famiglia. Uno descrive sé stesso sempre meglio di come lo dipingono i numeri. Quindi è meglio che i numeri glieli facciate voi, perché se se li fa lui/lei, sono sempre sovrastimati.

Mi ricordo un episodio dove il direttore generale chiese ai suoi consulenti di intervistare i responsabili delle business unit della sua azienda e di chiedere loro quanto utile producevano. La somma dei risultati faceva il doppio dell'utile vero dell'azienda nel suo complesso. Figuratevi quanto buona può essere la qualità della gestione aziendale se le valutazioni vengono prese sulla base dei dati forniti dal tacchino (mi perdonino).

Oppure, mi ricordo una conversazione con il responsabile di una sala trading di una banca che non riusciva a metabolizzare il fatto che, pur generando profitti nel suo complesso, la sua sala era a reddito solo 55 giorni su 100; lo riteneva impossibile (e non ci fu verso di convincerlo).

O, per ultimo, ero presente a una riunione di una società che stava soffrendo di importanti perdite a causa di posizioni finanziarie dell'attivo che erano influenzate dell'andamento infelice dei mercati. Il direttore finanziario, a domanda di qual era il risultato prodotto dalla sua area, rispose: un utile di 100 milioni di euro (incredibilmente sostenuto da un pezzo di carta della contabilità, tra l'altro; se cercate, c'è sempre un pezzettino di evidenza che vi dà ragione). Il direttore generale si alzò e se ne andò. Che senso ha fare riunioni così, disse.

Dopodiché se questi numeri li circolate, ancora meglio.

I vostri colleghi, in vostra presenza, devono sapere che le bugie non si raccontano.

Il regista siete voi, la cinepresa ce l'avete voi, le fotografie le fate voi e nessun altro.

Poche quantità e molti soldi

La forma pratica attraverso la quale il re (che non siete voi) deve essere denudato è la produzione di informazioni quantitative che misurano la performance individuale e collettiva della vostra prima linea (e quindi, dell'azienda).

Che vuol dire definire per ciascuno di loro e per l'azienda nel suo complesso le cose che devono andare bene perché l'azienda vada bene, sia dal punto di vista dello sviluppo commerciale, che dell'efficienza, che della gestione dei rischi.

Queste "cose" devono essere tradotte in misure e queste misure devono essere prodotte in modo scientifico e con una periodicità sistematica.

Dopo essere state prodotte devono essere inserite all'interno di report disponibili per voi, per la persona che viene misurata e, quasi sempre, per tutti gli altri colleghi della prima linea.

Tanto per fare un esempio, ci sono aziende dove giornalmente viene prodotto un report che misura, in modo semplice e facile da leggere, decine di grandezze che tengono sotto controllo quasi tutto quello che succede. Questo report, che "gira" di notte, la mattina è disponibile sull'intranet aziendale o nella mail di tutti i colleghi della prima linea, pronto per essere consultato (cosa che fanno quasi tutti, visto che a fronte di un'anomalia, può arrivare la telefonatina del capo).

Ma a questo punto vi direte: cosa sono queste misurazioni? Che "roba" è?

Tra le varie alternative, io penso che le "robe" debbano essere soprattutto grandezze monetarie.

L'obiettivo dell'azienda è di creare reddito e valore. Ahimè il reddito e il valore si traducono in grandezze appunto monetarie. Se non vi forzate a misurare gli altri nello stesso modo, voi andrete in una direzione, dato che vi interessa il reddito e il valore e gli altri dall'altra parte.

Le grandezze monetarie hanno tanti difetti: non sono molto frequenti (il conto economico non ha senso farlo più di una volta al mese), sono per loro natura sintetiche (dopo che avete diviso i ricavi per canale/prodotto/cliente cosa volete fare? Anzi, spesso è già troppo) e sono scarse dal punto di vista qualitativo (ad esempio, non vi dicono se state offrendo un buon servizio al cliente).

Ma i soldi parlano.

E offrono pochissime giustificazioni. Soprattutto per quanto riguarda i costi e i rischi. C'è la crisi, la concorrenza, le cavallette e tutto il resto; ma se non gestisco bene costi e rischi vuol dire che non sono stato diligente. E se non sono diligente ho poche scuse e non mi merito il posto che ho.

In molte aziende, i budget di ricavo si raggiungono o non si raggiungono. Nelle stesse aziende, pochissime persone si permettono di non rispettare i budget di costo e rischio.

Che poi è come gestiamo casa nostra. Qualcuno di noi misura per caso la bontà delle prugne che ha comprato? Oppure la prima cosa che fa è vedere se ha speso un ammontare ragionevole per la spesa? Dopo, misura la bontà delle prugne.

E poi i soldi, come abbiamo già detto precedentemente, rendono molti rapporti interni più onesti e scoprono molti altarini. Sei bravo, intelligente e tutto il resto, ma se i soldi li gestisci con poca cura non stai facendo il tuo lavoro.

E rendono gli stessi rapporti interni (tra colleghi di pari livello) più equilibrati. Se misuro il responsabile vendite sui ricavi (una valutazione di natura monetaria), mi devo inventare qualcosa di simile per il responsabile dei back office (perlomeno un budget di costi e di investimenti). Perché mai dovrei dare obiettivi monetari all'uno e non all'altro? Facendo così i due penseranno di essere trattati in modo equo (non che necessariamente faccia piacere al responsabile dei back office, ma non sarà in grado di rinnegare la bontà del principio) e la vittima delle attenzioni del direttore generale (perché i ricavi non crescono?) penserà che comunque lo stesso standard si applicherà a tutti gli altri suoi colleghi (come mai non hai rispettato il budget di costi?).

Mi ricordo una persona che mi disse: la gente ti potrà fare tutti i complimenti che vuoi, ma alla fine il vero metro della loro sincerità sarà quanto ti pagano.

Non c'entra niente, ma penso che faccia il punto (l'avevo anche già citato prima in modo diverso): ossia, i soldi parlano.

Non è vero, ma le quantità sono solo per l'operatività quotidiana

Tutta la sezione di cui prima è vera. Ma questo non vuol dire che non bisogna mettere sotto controllo anche grandezze di natura operativa e non monetaria.

Ossia, i cosiddetti "pezzi".

Quante macchine hai venduto? In quanti secondi hai risposto alle telefonate al call center? In quanti giorni ruota il magazzino? Quanto tempo ci mettiamo a incassare le fatture dei clienti?

La vera verità è che le grandezze operative vi servono per tenere d'occhio i vostri colleghi giornalmente (o comunque con maggiore frequenza), cosa che le grandezze economiche non vi rendono possibile. E voi non volete essere "costretti" a fare una telefonatina al mese, solo quando esce il conto economico; una strizzatina una volta alla settimana è di sicuro meglio.

E poi vi consentono di valutare se quello che vedete nelle grandezze economiche è il risultato di una buona performance operativa. Ossia se i ricavi e i costi sono il risultato di cose fatte bene (e quindi ripetibili) piuttosto che sprint di breve periodo (e quindi, di nuovo, poco riproducibili nel tempo e per questo di scarso valore).

Alla fine, il report delle decine di righe di cui dicevo prima era fatto quasi solo di grandezze operative.

Però, nei rapporti con i vostri colleghi, dovete sempre ribadire che una buona performance operativa è precondizione per cui la performance economica sia di buona qualità. Ma non ne è un sostituto. Se l'azienda va male ed è in perdita, le consegne potranno essere state fatte con perfetta puntualità, ma questo non esonererà la responsabilità di nessuno. In ordine gerarchico prima c'è la salute economica, poi il resto.

Detto in altro modo: di politica si parla solo con la pancia piena. Nessuno ti obbliga a parlare di politica, ma se lo fai è perché gli elementi di base li hai messi a posto. Se no non parlare di politica.

Una considerazione generale che riguarda sia questa sezione sia quella precedente: la sola visibilità del dato migliora la performance. E' come l'occhio del padrone che ingrassa non mi ricordo bene chi.

Non potete immaginare quanto la messa in opera di quello che ho appena detto contribuisca al miglioramento dei risultati dell'azienda. La mera presenza del metro, degli occhi che guardano (i vostri) e della trasparenza (gli occhi dei colleghi, che a loro volta guardano) sono un elemento potentissimo di rafforzamento della performance aziendale.

Perché tutti gli altri elementi sistemici aiutano (budget, bonus, …), e lo vedremo, ma siccome nessuno riesce a giustificarsi di fronte a voi e di fronte ai colleghi se ha fatto le cose in modo non ragionevole (e le aziende vanno bene in primo luogo perché si fanno le cose normali in modo ragionevole), questo basta per coprire un bel pezzo del tragitto tra Roma e Pechino.

Al contrario, se ognuno ha il suo scopino e lo usa per spostare la polvere dal pavimento a sotto l'armadio, l'azienda sarà molto meno forte e voi sarete meno in controllo. Il controllo l'avrete spostato (anche solo parzialmente) a favore di chi vi ha sottratto il metro.

Qualche obiettivo economico è tutto quello che basta

Adesso che il metro ce l'avete, potete godere dell'effetto autopilota.

Già che ci siete, però, potete cogliere l'occasione per migliorare ulteriormente il modo in cui conducete l'azienda.

E, "surprise surprise", il modo banale per farlo è, grazie alla presenza del metro, di dire ai vostri colleghi che hanno degli obiettivi.

Ovverosia, che a voi piacerebbe tanto che la prossima volta che fate la misura il risultato non sia 100 ma 105.

Questo pezzo in più non si raggiunge necessariamente con l'autopilota e comunque serve per varie ragioni.

La prima è che voi siete il capo e la gente si aspetta che diciate loro cosa fare. Non necessariamente nel dettaglio, ma che comunque diate loro delle indicazioni su dove volete andare. Perché se non lo fate vuol dire che avete le idee confuse o poco chiare e allora come capo non valete tanto, quindi, è inutile che vi segua.

La seconda, banale, è che un po' di pepe fa sempre bene. Misurato, che se si esagera poi il cibo non viene buono. Ma se fatto in modo opportuno, che delizia. E a ognuno di noi, dico a ognuno di noi, un pochettino di pepe ogni tanto fa bene.

La terza è che non tutti (dico dei componenti della prima linea) hanno una visione integrata dell'azienda e quindi non necessariamente le loro riflessioni vanno nella direzione opportuna. Caso classico, in una banca, la tensione tra commerciale e credito. Il commerciale pensa ai ricavi (lordi delle sofferenze), il credito pensa alle perdite (indipendentemente dal livello dei ricavi). Siete voi che dovete dare equilibrio a questa situazione assegnando obiettivi misti a ciascuno di loro, per evitare che l'azienda non si muova in modo ragionevolmente coordinato.

La quarta è per non perdere tempo. Dato che ognuna di queste conversazioni ha di mezzo una discussione con il tappeto, volete evitare di perdere settimane, se non mesi, in conversazioni che entrambe le parti sanno essere parte del balletto (quindi un po' inutili), ma per interesse proprio non vogliono evitare per paura di ritrovarsi con obiettivi irraggiungibili. Mi ricordo un'azienda dove il processo di budget e la pianificazione a lungo termine portavano via quattro mesi ciascuno. Tenendo conto di ferie estive e vacanze di Natale, il management passava 8 mesi su 11 a parlare di obiettivi. E perché? Perché tutto partiva dal basso. Con la micidiale domanda: cosa pensi di poter far l'anno prossimo? A cui seguiva la prevedibilissima risposta: non so se ce la faremo a ripetere i successi dell'anno scorso. Indipendentemente da ciclo economico, situazione dei concorrenti e via dicendo. Era sempre la stessa conversazione. Aveva purtroppo quel difettuccio alla nascita: invece che dirti più o meno dove volevo che tu andassi, ti chiedevo cosa volevi fare tu. Poi magari alla fine si arrivava ad un compromesso accettabile, ma a un costo in termini di tempo, rapporti e altre cose eccessivo.

Detto questo, che obiettivi bisogna dare? Io sono per pochi, in larga parte di natura economica.

Se possibile, naturalmente, i ricavi. Altrimenti, la loro (dei colleghi) struttura di costo e di rischio. Ossia, quanto è loro permesso di spendere e quanto al massimo sarebbe carino che rischiassero (in termini di manifestazione economica).

Tre, quattro grandezze al massimo (questo non vuol dire che poi le grandezze non siano disaggregate a un maggior livello di dettaglio; però, solo per questioni analitiche e non per l'assegnazione degli obiettivi).

Se no poi è difficile condurre la conversazione. Alla fine, chi se ne importa se sulla grandezza A (le spese di cancelleria) un vostro collega è fuori budget. Basta che compensi con la grandezza B (i costi di stampa). La cosa importante è che voi parliate con lui/lei, in questo caso, di struttura di costo totale.

Meno enfasi è da dare alle grandezze operative. Per tutte le ragioni dette prima. E poi perché i meccanismi attraverso i quali si ottengono obiettivi basati su grandezze operative sono, spesso, molto diversi dai meccanismi utilizzati per raggiungere gli obiettivi economici.

Caso scuola, sono i volumi di vendita. Troppa enfasi su questi vi potrebbe portare a sconti eccessivi sui prezzi, con ovvi impatti non desiderati sui margini. E alla fine vi troverete ad avere venduto un mucchio di roba a margine zero e, ahimè, costi in crescita (dato che avete dovuto mettere in piedi l'infrastruttura per sostenere volumi superiori). Peccato che con i pezzi non ci pagate gli stipendi, mentre con le grandezze economiche sì.

Purtroppo, le grandezze operative possono spesso essere manipolate e quindi, il più possibile sono da non enfatizzare nella costruzione del vostro sistema di obiettivi.

Non sono quelle che vi fanno mangiare.

Fate venire in mente le idee agli altri

Finalmente avete detto ai vostri colleghi dove volete andare (in particolare, quanto volete guadagnare, a che costo e a che rischio).

Adesso potreste anche dirgli cosa fare.

Io lo sconsiglio. Fatelo venire in mente a loro. E' il loro lavoro.

Gli avete detto che volete andare a Pechino. Date a loro la responsabilità, e la soddisfazione, di raccontarvi come pensano di farcela.

Ossia, fatevi dare da loro la lista delle cinque iniziative che intendono condurre (nel corso del trimestre, dell'anno, qualsiasi cosa) per potere poi essere in grado di dirvi (dopo che sono state completate): ho ottenuto gli obiettivi che mi avevi assegnato (naturalmente se anche i parametri economici sono stati raggiunti).

Esistono molti vantaggi da un approccio di questo tipo.

Il primo è che loro conoscono le loro attività molto meglio di voi. Da voi potranno arrivare alcuni principi: la semplificazione, la smaterializzazione, e altri ancora. Ma voi non sarete mai in grado di insegnare ai vostri colleghi quello che voi non sapete, ma loro sì. D'altra parte o sono addormentati, oppure un bagaglio di competenze l'avranno pure costruito. E quindi, perché non sfruttarlo?

Il secondo è che eseguire una lista di attività, che viene assegnata, è molto meno motivante rispetto a condurre e completare dei progetti che sono nati dall'iniziativa dei singoli. Non c'è paragone. Anche se è più comodo, non c'è nessuno che si diverte a obbedire agli ordini e basta. Tutti, ma dico tutti, dopo un po' riconoscono che è meglio farsi venire le idee e portare a casa i risultati. Perché la pena per non farlo è di spegnere il proprio cervello a 35 anni.

Il terzo è che li addestrate a pensare e quindi a far pensare gli altri. Che è un altro bell'effetto leva. Siccome l'azienda non si ferma a voi e ai vostri 5 riporti, il fatto che creiate le condizioni per cui la catena di trasmissione funzioni dà sicuro beneficio all'impresa. Se chiedete loro di pensare, loro chiederanno ai loro riporti di fare lo stesso. E via dicendo. Il contrario è generalmente poco possibile. Se dite loro cosa fare, poi al massimo loro saranno in grado di chiedere ai loro riporti di fare quello che voi avete chiesto a loro. Ma non saranno in grado di aggiungere e/o articolare nulla di più. D'altra parte non gli avete mai fatto fare ginnastica. Cosa pretendete?

Un ultimo beneficio è che anche voi imparate. Perché ascoltate quello che i vostri colleghi hanno da dire e si sono fatti venire in mente. E grazie al continuo apprendimento diventate un professionista migliore. Cosa che vi consente, non solo di essere in grado di gestire sempre meglio la vostra struttura, ma anche di sviluppare quell'approccio interfunzionale che comunque è uno dei vostri apporti tecnici alla vostra organizzazione. Lo potete fare perché avete avuto l'umiltà di ascoltare e, quindi, di imparare sempre più cose.

Prodotto finito, già detto, ma dato che è essenziale lo ripeto: una lista di iniziative che consentono a loro e all'azienda di raggiungere gli obiettivi che voi avete assegnato.

Comunque date il ritmo, controllate che le cose vengano fatte, verificate i risultati e prendete appunti

Adesso che il percorso è chiaro (di ogni singola funzione e dell'azienda nel suo complesso, come somma di singole funzioni), vi potete rilassare.

Da adesso in poi, per un po' di tempo (ossia sino a quando assegnerete ai vostri colleghi nuovi obiettivi) vi potete limitare a fare domande.

Ossia, iniziativa per iniziativa, progetto per progetto, potete dedicarvi a chiedere a loro (ossia ai vostri colleghi): raccontami come va.

Che vuol dire: sedersi sempre con ciascuno di loro su base continuativa e periodica (raccomando mai meno di una volta ogni due settimane) e, punto per punto, farvi raccontare come le singole iniziative sono state avviate, come sono condotte e che risultati stanno producendo.

Con una trovata geniale a contorno di tutto questo. Scrivete quello che i colleghi vi dicono. Perché? Perché la volta dopo dovete riprendere la conversazione da dove l'avevate lasciata. Sia perché purtroppo siete "vecchi" e una rinfrescatina serve a tutti. Ma soprattutto per evitare di farvi raccontare delle cose che non seguono un filo logico. Non sarebbe la prima volta che un collega, imbarazzato perché non è riuscito a combinare molto nel periodo, prova ad aggirare il punto con considerazioni generiche, confuse e che non seguono una linea di pensiero razionale. Se scrivete e controllate evitate che questa tattica praticata, a tratti, da diversi componenti delle prime linee si ritorca contro di voi.

E poi scrivere vi permette di verificare che gli impegni vengano rispettati. A parte gli obiettivi indicati in sede di budget, i vostri colleghi vi prometteranno molte piccole cose nel corso dell'anno. Scrivetevele, così la volta dopo che li incontrate, potrete chiedere loro se hanno rispettato quell'impegno che si erano presi. Qualche anno fa mi avevano raccontato di un amministratore delegato di un gruppo bancario che, senza esercitare particolari pressioni (entro quando me lo fai?), quando un collega si prendeva un impegno, estraeva un modulo che aveva fatto preparare appositamente, lo compilava, chiamava la sua segretaria e le chiedeva di archiviarlo. Un incontro di verifica veniva fissato immediatamente (alla data indicata dal collega). Alla stessa, la segretaria era istruita di tirare fuori il modulo e l'amministratore delegato lo usava per discutere con le sue persone se l'impegno preso fosse stato mantenuto e i risultati ottenuti. Per strane coincidenze statistiche, nessuno si presentava mai a mani vuote.

Anche Jack Welch diceva che, alla fine, lui una delle attività che svolgeva era di controllare se le cose che aveva chiesto di fare venivano in effetti portate a casa.

Il che non vuol dire chiedere ai vostri colleghi di seguire delle iniziative irragionevoli. O di spingerli in modo eccessivo a ottenere risultati a breve termine, in una sorta di sprint continuo.

Vuol solo dire applicare in modo costante e personale, non solo attraverso delle reportistica un po' arida, la nozione de "il re è nudo". Attraverso la conversazione e il controllo che ne deriva, non fate che continuare a reiterare il messaggio che siete un capo informato, che guardate il contenuto del lavoro dei vostri colleghi, che verificate i risultati che vengono ottenuti e che a voi non è possibile più di tanto raccontare delle cose non vere.

In questo modo, molto spesso, il "ritmo" (darlo è una delle vostre principali responsabilità) è un fenomeno che si crea da solo. Per il semplice fatto che a nessuno fa piacere andare dal suo capo e raccontargli per la quinta volta di fila che la situazione non è migliorata rispetto alla riunione precedente e che su nessuna delle iniziative che avevate concordato ci sono dei significativi passi avanti. Tra l'altro, in questo caso, se vedete impegno continuate a tenere la situazione sotto controllo: probabilmente è difficile fare di più (si può sempre fare di più, ma nessuno corre i 400 metri in 40 secondi; i 100 metri si corrono a un ritmo, i 400 si va un po' più lenti, perché se no non si dura). Se invece vedete che dall'altra parte non c'è interesse, allora naturalmente intervenite chiedendo maggiore sforzo. Ma, nella mia esperienza, questo succede molto raramente. Perché non ce n'è bisogno.

In aggiunta a questi effetti, questi momenti di verifica debbono essere sfruttati per trasmettere continuamente e dico continuamente, le cose e i principi in cui credete. Come ne abbiamo già accennato, una sorta di propaganda continua.

Ad esempio, abbiamo già detto che l'obiettivo dell'azienda è di produrre reddito, sano, ma sempre reddito è. In diverse occasioni i vostri colleghi proveranno a spiegarvi che hanno dato un grande contributo all'azienda "facendo delle cose". Non c'è momento più opportuno per spiegare loro che lavorare senza guadagnare non serve a molto e che se siamo impegnati a "fare delle cose" è perché un risultato monetario lo dobbiamo ottenere. Dirlo una volta non basta, due neppure, ogni volta che ne avete la possibilità è meglio. E la possibilità l'avrete in questi continui momenti di verifica. Questo è solo l'esempio più eclatante, ma in queste occasioni potrete passare "n" altri messaggi che voi riterrete importanti e che hanno bisogno di essere enunciati, spiegati e applicati al caso concreto. Così il vostro "verbo", qualsiasi esso sia, potrà essere assimilato e magari trasmesso lungo il resto della catena. Altrimenti, è molto più difficile.

Per ultimo, sono delle opportunità per dare qualche consiglio e qualche spunto. Non perché siete più bravo o più competente, ma perché avete già visto prima casi non molto dissimili e perché, avendo queste discussioni anche con gli altri colleghi, capite gli elementi interfunzionali. Elementi che, come abbiamo già detto, magari ai singoli possono sfuggire. In questo modo, tra l'altro, i vostri colleghi potranno considerare queste discussioni non solo come l'esamino periodico, ma anche come l'opportunità per ragionare insieme a qualcuno (oltre che, perché no, per far vedere che qualche risultato a casa lo hanno portato).

Un consiglio tattico finale: fate queste sessioni indicativamente due volte al mese, ma non fatele durare più di un'ora, massimo un'ora e mezza. Se no i vostri colleghi si addormenteranno e considereranno questi eventi come una tassa da pagare, invece che come una discussione interessante. E allora dopo poco anche voi vivrete l'esperienza come noiosa. Chi ve lo fa fare?

Va da sé che io personalmente trovo meno efficaci processi meno metodici (troviamoci per fare il punto sull'iniziativa X). E' difficile governare la situazione in modo organico, è pure difficile da un punto di vista logistico (bisogna continuamente mettere assieme le agende) e non dà neanche tanta sicurezza ai vostri colleghi (ma quella roba per quando deve essere pronta?).

Se gli fate venire voglia di lavorare, è tutto molto più semplice

In tutto questo, è veramente importante che creiate le condizioni perché i vostri colleghi abbiano voglia di portare a casa i risultati.

Ossia, siano motivati a dare un contributo all'azienda. Se così è, moltissime delle cose che devono succedere avverranno da sole.

Se così non è, è meglio che troviate una soluzione a breve. Che naturalmente vuol dire focalizzare i vostri sforzi a motivare le vostre persone. Perché, altrimenti, la soluzione diventerà la vostra testa (che l'azionista chiederà dato che i risultati saranno stati poco interessanti).

Una quota importante della motivazione avviene con le cose che abbiamo detto prima. Chiarezza sugli obiettivi, trasparenza sulle iniziative (peraltro in molti casi auto formulate) necessarie per ottenerli, controllo sull'avanzamento dei risultati e opportunità continua di discutere con il proprio capo per avere degli spunti migliorativi.

Però si può fare di più, operando su vari fronti.

Il primo è lavorare sul loro livello di ambizione. In fondo, sulla missione, quindi nei fatti sugli obiettivi, ci avete già lavorato (produzione di reddito, livello di servizio al cliente, efficienza nella costruzione del prodotto, ...). Ma queste sono, spesso, tutte cose che riguardano l'azienda, non loro singolarmente presi. E invece anche su questo bisogna insistere: perché non vuoi essere il migliore? Perché non vuoi creare le condizioni per arrivare al venerdì, guardarti indietro ed essere contento delle cose che hai fatto?

Che vuol dire spingere l'individuo a metabolizzare la nozione che ogni persona di valore deve continuamente porsi la domanda sul come vivere un'esistenza che abbia, in questo caso nell'ambito professionale, un minimo di significato.

La cosa migliore che vi può succedere è che i vostri colleghi lavorino in modo intenso, non solo perché così raggiungono gli obiettivi che avete dato, ma perché lo fanno per loro stessi. Perché vogliono diventare delle persone professionalmente migliori (e persone migliori si diventa se nella vita si combina qualcosa e si ottengono risultati; se ci ripresenta in ufficio ogni mattina senza un senso del perché e senza una sensazione di miglioramento, ben che vada si viene sopportati per affetto, mal che vada si viene gentilmente salutati per fare posto a qualcun altro).

Per gli appassionati di fantascienza è ciò che spinge Tasha Yar, nell'episodio "Yesterday's Entreprise di Star Trek The Next Generation", ad aggiungersi a un equipaggio destinato a sicura morte per aiutare una nave alleata, piuttosto che a continuare la sua carriera sull'Enterprise, dato che lì, dopo poco, sarebbe venuta incontro a una morte "senza significato". Preferì fare qualcosa di utile (e morire quasi sicuramente, cosa che peraltro non successe), invece che fare qualcosa di meno utile (e morire comunque, cosa che nella sua vita normale, in effetti, successe).

Il secondo fronte è comunicare loro il vostro livello di ambizione. D'altra parte perché loro dovrebbero migliorare sé stessi se non lo fate e non lo comunicate anche voi?

E' molto probabile che a voi interessi essere "il migliore", "il più bravo"; come altrettanto probabilmente volete che la vostra azienda sia riconosciuta sul mercato come "il punto di riferimento", "il servizio migliore".

Se comunicherete il vostro livello di ambizione, senza scendere nella megalomania, creerete un'atmosfera pervasiva di voglia di fare e di dedizione. A nessuno piace lavorare per qualcuno che si considera un perdente. Mentre a molti piace lavorare per qualcuno che, con la giusta misura, si considera un vincente. Lui/lei vuole vincere: io pure.

Il terzo fronte, un po' più delicato, è l'appello a valori superiori. Da usare con grande cautela, perché se non è vero, ci si mette poco a scoprirlo. E' un approccio da utilizzare solo se viene fatto in modo sincero. Se questa condizione è rispettata può essere molto potente. E' la cosiddetta nozione del "greater good", del bene superiore. Suona altisonante, ma non c'è dietro nulla di nascosto. In effetti, ad esempio, molte aziende fanno cose molto utili per i clienti e se questo è vero e fatto in modo sano, non c'è ragione per non motivare i proprio colleghi a lavorare bene, anche perché devono continuare a rispettare la condizione del "bene superiore". Perché lo fai? Perché serve. Perché grazie al mio lavoro, i nostri clienti finali godono di una qualità della vita superiore. Perché contribuiamo alla stabilità e alla legittimità del sistema finanziario. E altro ancora.

Come detto, da usare con cura, perché se è un trucco, dopo un po' i vostri colleghi vi scoprono, voi perdete credibilità e a quel punto tanto vale che ve ne andiate a casa.

In sostanza, la motivazione risiede nel dare una ragione ai vostri colleghi per fare quello che fanno. Ossia qualcosa che va al di là del mero raggiungimento di obiettivi, anche sani, di natura aziendale. Ma che dia quel pizzico di elemento trascendentale che non fa mai male. Qualcosa che permetta loro di pensare di essere dei vincenti, di lavorare per un'azienda di vincenti e di fare qualcosa comunque che non serve solo a remunerare l'azionista, ma che ha anche un significato più pregnante.

Senza esagerare troppo con l'esempio, ho letto che la vera spinta al combattimento delle truppe in guerra deriva da due fattori. Il primo è che seguo il mio capo, che è fortemente motivato a vincere. Il secondo è che non voglio tradire la fiducia dei miei commilitoni. Alla fine, motivi non dissimili da alcuni dei punti sottolineati in questa sezione.

Stimate tutti (oppure create le condizioni perché escano dal perimetro aziendale) e fateli sentire speciali

Condizione di contorno a tutto questo è evitare di affossare la fiducia che i vostri colleghi hanno in loro stessi.

E' chiaro che se avete fatto quello che c'è scritto nel capitolo precedente e poi non avete fiducia in loro diciamo che ci sono degli elementi di incoerenza.

Devo dire che è una situazione un po' paradossale, ma ogni tanto succede pure questo (anche se uno direbbe che, dopo averli motivati, siete uno/una che lavorate bene anche sul loro livello di autostima).

E, invece, a volte non succede. Per le mille ragioni del mondo. Perché siete un capo esigente e quindi qualsiasi livello di performance vi trova insoddisfatti (e poi lo dite ai vostri colleghi e date a loro la colpa). Perché siete un po' dissociato e fate bene solo dei pezzi dell'arte manageriale. Per carattere e mille altre ragioni.

Mi ricordo di un prete che dall'altare diceva delle parole meravigliose. E poi ti trattava come un disadattato. Metà della sua personalità lavorava sulla motivazione. L'altra metà, in modo più o meno accettabile visto il suo stato canonico, ti toglieva tutta la fiducia e l'entusiasmo che avevi acquisito sentendolo parlare dal pulpito.

Errore gravissimo. Forse il peggiore.

Non fatelo mai.

Infatti il prete, dopo un po' di tempo, si trovò l'oratorio vuoto.

Per due ragioni. La prima è che, ben che vada, avete un collega che non riesce a lavorare perché pensa che voi non approviate la sua condotta. La seconda è che, mal che vada, vi siete fatto un nemico e, mentre voi fate altro, lui/lei lavora scientificamente per danneggiarvi.

Purtroppo è una trappola diffusissima. E la cosa sorprendente è che, nonostante la sua diffusione (quindi si presuppone che esista la consapevolezza della sua esistenza) la gente, ossia i vertici aziendali, ogni tanto ci cada dentro.

Non si fa così.

Se lavorate con qualcuno fategli/le capire che voi approvate il loro "essere persona". Che loro non sono in discussione. Poi il lavoro che hanno fatto può andare bene o può andare male. Ma non sono "loro" che non vanno bene. E' il loro lavoro che in quell'occasione non è stato fatto in modo opportuno.

Ho letto il libro di un cantautore che descriveva come uno dei momenti più dolorosi della sua vita fosse stato quello in cui aveva sentito sua madre rivolgersi a suo padre dicendo: "certo che nostro figlio è proprio un cretino". Una pugnalata. Il libro era scritto 50 anni dopo il fatto. 8 parole. Mai dimenticate. Perché? Perché una persona a cui riconosci un valore (in questo caso tua madre) ti ha messo in discussione. Non perché hai fatto male i compiti. Non perché hai litigato con i tuoi amici. Ma perché sei un cretino. Perché il tuo "essere" viene messo in discussione. Perché non ti meriti di essere ciò che sei.

Voi fate lo stesso con i vostri colleghi e vi circonderete di cecchini. Oppure di automi. Anche se lo fate guidati dall'ira, anche se vi hanno delusi o ferito personalmente, anche se avete appena litigato con vostra moglie o con vostro marito.

Vi giureranno vendetta. Magari se lo terranno per sé. Non lo confideranno a nessuno (anche perché è abbastanza imbarazzante farlo). Ma nel dormiveglia, alle 6 di mattina, penseranno a come farvi del male.

Io non ve lo raccomando.

Se pensate che qualcuno sia un "cretino" (uso la dizione solo per ricollegarmi all'esempio di prima e, ahimè, nessuno ha detto che la specie non esista), ma perché ve lo tenete in azienda? Create le condizioni per farlo uscire dal perimetro societario e portatevi a casa qualcuno che stimate. Perché continuare ad avere un atteggiamento "simil – sadico" che non fa che produrre danni? Trovategli un altro lavoro, dategli dei soldi e amici come prima.

Questo non vuol dire che la vostra condotta nei confronti dei colleghi debba essere tutte rose e fiorellini. Voi potete anche essere molto "accesi" nelle vostre manifestazioni. Chi ha detto che non bisogna dire quello che si pensa e che non bisogna esprimere quello che si sente. Ma, per favore, prendetevela con i fatti, non con le persone.

Ci vuole un approccio da bomba al neutrone. Le persone, se ce le avete in casa, trattatele bene. Criticate il loro lavoro, ma non mettete mai in discussione la loro integrità individuale. Non nel senso della morale o che altro, ma nel senso della loro inviolabilità. Le persone sono intoccabili. Non vi piace quello che fanno in modo irreparabile? Vi ho detto cosa fare. Ma se non lo fate, accettatene le conseguenze.

La caccia all'arbitraggio

Inciso numero uno: l'arbitraggio.

E' sempre lì. Non vi lascerà mai solo. E quando non ve ne accorgete ... colpito e affondato.

Vuol dire che, indipendentemente dal grado di fiducia che ponete nei vostri colleghi, a un certo punto ci sarà sempre qualcuno che, per le mille ragioni del mondo, proverà a farla franca.

Anche in buona fede. Si vergogna un po'. Non vi vuole deludere. E via dicendo.

Paletta e scopino e via sotto il mobile della cucina. Non si vede. Sembra una cosa innocua. Sono tutti contenti lo stesso. E dopo 3 mesi c'è uno strato di polvere che annida le peggio concentrazioni di microbi.

Io lo chiamo l'arbitraggio.

In senso lato, ovverosia la verità non raccontata. O, più frequentemente, quella cosa che fino al giorno prima l'avevamo descritta in un modo. Poi ci siamo accorti che nella descrizione c'era dentro un errore. Però ci rendiamo conto che, se lo diciamo al capo, questi potrebbe arrivare alla conclusione che non siamo così bravi come pensava.

O varianti del caso.

Tornando al discorso di prima (il re è nudo), non vi dovete mai stancare. Perché il re ha l'irresistibile vizio di rivestirsi.

Comprensibile, ma non cascateci.

Dopo che lo avete svestito, continuate a tenergli giù i pantaloni (metaforicamente). Se non lo fate, dopo un po', ha su il cappotto e la descrizione veritiera degli eventi aziendali ve la scordate.

Se non altro perché le aziende sono corpi dinamici e magari all'inizio lo avevate spogliato molto bene, ma poi sono venute fuori, a vostra insaputa, delle cose che non vi aspettavate e quindi lui/lei automaticamente si riveste.

Sempre all'erta bisogna stare e sempre ragionare bisogna sulle modalità di descrizione del fenomeno e di analisi scientifica delle cose importanti che dovete tenere sotto controllo.

Vi posso assicurare che anche dopo anni e anni di percorso educativo, i vostri colleghi avranno sempre questo vizietto di rivestirsi. Ce lo avreste anche voi nei loro panni, quindi non stupiamoci più di tanto e attrezziamoci per evitare di diventare le vittime di questa umana tentazione.

I numeri parlanti (ossia, truccarli serve a molto poco)

Inciso numero due: i trucchi.

Anche su questo tema, il vostro esempio è insostituibile. Anche voi avrete l'incentivo a nascondere una notizia bruttarella qua e là.

Siete al 99% del budget. Ma perché non farsi venire in mente qualche bella idea il 27 di dicembre per ottenere il 100% dei risultati prefissati?

Così il vostro azionista sarà contento, voi vi prenderete il 100% del vostro bonus e vi convincerete pure che siete stati ottimi manager.

Ma non possiamo capitalizzare un po' di spese di sviluppo software? D'altra parte il pacchetto che abbiamo sviluppato ci servirà anche negli anni futuri. Che male c'è?

Anche questo, fatto da voi o fatto dalla vostra azienda con il vostro consenso, non mi piace.

E a parte l'umore delle righe precedenti, il mondo ci ha presentato esempi di questo tipo che, tirati nelle loro conseguenze, hanno avuto effetti non piacevoli, magari non solo per l'azienda, ma anche per i clienti.

Un esempio di vita reale (in parte già fatto)? Ci sono delle aziende che quando vendono un loro prodotto (ad esempio, alcuni prodotti di investimento?) vi caricano delle commissioni di collocamento (a volte abbastanza generose). Magari il prodotto lo tenete per dieci anni, ma dato che queste commissioni ve le addebitano immediatamente vanno (orrore!) altrettanto immediatamente a conto economico di chi ve le ha vendute.

Tentazione molto forte (non necessariamente a vendere una cosa utile, ma soprattutto una cosa redditizia, chiaramente per chi la vende). Riesco a far figurare come ricavo del periodo ciò che in effetti sarebbe di competenza di più anni e così il mio conto economico ne beneficia subito.

Oh cielo. L'anno prossimo avrete meno ricavi! Vi verrà allora la tentazione di farlo con altri clienti o, peggio che peggio, ritornare dagli stessi, proporre loro uno smobilizzo e, gira la ruota, riportare via un altro "x %" del loro patrimonio.

Di nuovo, lo fate voi direttamente o lo fanno i vostri colleghi con il vostro consenso?

Non importa. Smettetela di farlo o di farlo fare.

Come dicono gli inglesi: "it's evil".

Truccare i numeri è sbagliato per diversi motivi.

Il primo è che può produrre effetti che non vanno bene. Nel caso di prima, a meno che il prodotto non sia veramente utile per il cliente, state alterando il giusto procedere delle cose a vostro principale beneficio.

Il secondo è che tutte le bugie hanno le gambe corte. Come già sottolineato, dopo un po' vi troverete un conto economico senza ricavi (o con degli ammortamenti gonfiati a dismisura, o altre cose di questo genere). Avrete il fiato cortissimo e poi, comunque, soffocherete.

Il terzo è che se lo fate o lo fate fare, tutti i vostri colleghi lo vedranno e dopo un po' comunque cominceranno a farlo pure loro.

Un comportamento assunto da voi (direttamente o indirettamente) o tollerato da voi, diventa un comportamento accettabile. Come per tutto il resto di cui abbiamo già parlato. Se voi truccate i numeri, tutti gli altri cominceranno a farlo e, allo stesso tempo, considereranno accettabile dire bugie (a voi e ai loro colleghi).

Azienda: ingestibile.

Non avete fatto il budget? Vi piacerebbe chiudere l'anno con un milioncino in più di utile operativo? Tenetevi il vostro desiderio e cominciate puliti l'anno che viene, invece che portarvi dietro zavorre (economiche e/o patrimoniali) e dando un pessimo esempio a tutto il resto dell'azienda.

Non fatelo (truccare i numeri): è sbagliato e prima o poi beccano anche voi.

Sintesi

La gestione di un'azienda è prima di tutto un piacere: fatevelo venire o lasciate il posto a qualcun altro che invece il piacere ce l'ha.

Poi costruite un metodo: misurate (dando il giusto peso agli elementi economici e a quelli operativi), date degli obiettivi e poi fatevi raccontare come i vostri colleghi intendono raggiungerli.

Dopodiché tenete il ritmo con riunioni periodiche di avanzamento lavori e usate queste sessioni per continuare a dar loro buone ragioni per essere professionisti motivati.

In tutto questo percorso rispettate le persone. Se non le amate, probabilmente tenerle in azienda non è la cosa migliore.

Infine, non accettate le bugie dette dagli altri e non cadete nella tentazione di dirne qualcuna pure voi: nel lungo periodo la verità vince sempre.

L'AZIENDA E' UN CONTO ECONOMICO - I COSTI

Qualche nozione generale

E' un'affermazione un po' forte, lo so.

Ma purtroppo spesso uno se lo dimentica o, peggio, non gli/le viene neanche in mente.

E non è che a me piaccia o non piaccia, mi ci rassegno.

Ma non si può scappare dalla nozione che un'azienda è un conto economico (e spesso anche uno stato patrimoniale).

E il governo industriale dell'aggregato dei numeri non può essere che vostro. Di chi se no? Il direttore finanziario vi aiuta e il suo contributo è essenziale, ma il controllo lo dovete esercitare voi.

E' di sicuro poco romantico, ma se un direttore generale non pensa all'azienda come aggregato di voci economiche e patrimoniali (nota bene: entrambe si "chiudono" con un utile netto) corre il rischio di perdersi dei pezzi importanti.

Perché? Primo perché (vedi le conversazioni dei capitoli precedenti) il vostro lavoro è di produrre reddito e valore, che ahimè si misura in "soldi". Tutto fatto in modo onesto, dando un buon prodotto/servizio al cliente, ma sempre avendo i "soldi" in mente. Secondo perché un'azienda è fatta di diversi equilibri (per esempio: mai sentito parlare di tensioni tra ricavi e perdite su crediti?) e nessuno, ma dico nessuno, in azienda può e/o deve fare il lavoro di equilibratura al vostro posto. I responsabili di funzione sono sempre in conflitto di interesse (magari parziale, ma sempre presente) e comunque per definizione non hanno una visione complessiva. E il direttore finanziario è vero che costruisce i numeri ma, dando per assodato che abbia le competenze e la lucidità per affrontare questi temi, comunque non ha il vostro ruolo.

Questo non vuol dire svegliarsi la mattina e passare ogni giorno due ore davanti al report del mese scorso a fare calcoli e statistiche.

Piuttosto, vuol dire ragionare sempre in modo sinottico, avendo in mente le grandezze che compongono i vostri conti.

E metabolizzato questo approccio, vi dovete preparare a coinvolgere la vostra azienda (ossia ognuno dei vostri colleghi, ognuno per il pezzo che gli/le compete) in questo modo di affrontare l'attività gestionale.

Ci sono tante persone che non lo fanno. Ovverosia che considerano i conti una cosa da affrontare due settimane prima della semestrale "che devo preparare le carte per il consiglio di amministrazione". E che non vedono l'ora di tornare in trincea a incontrare quel cliente là o a firmare quell'accordo là. Non c'è nulla di male, solo che vi perdete delle opportunità. E la ragione per cui vi perdete le opportunità è che non vi fermate a pensare e siete troppo concentrati sul fare. Grazie al cielo c'è qualcuno che lavora, ma il vostro vero lavoro è un altro.

Classicissimo effetto collaterale è che non assumere questo metodo di lavoro sinottico porta le persone a focalizzarsi, per parte del proprio tempo, su elementi di un'importanza limitatissima. Saranno gratificanti per le mille ragioni di questo mondo, ma non danno nessun contributo alla produzione di reddito e di valore. E quante volte mi sono sentito dire "ah sì?" quando da consulente provavo a spiegare a un mio cliente che la sua azienda stava perdendo del gran tempo andando dietro a temi che impattavano i conti in modo risibile. E' come quelli che a casa vanno in giro a spegnere le luci e poi fanno tre bucati al giorno con la lavatrice semivuota (deve essere perché le luci si vedono mentre la lavatrice è nascosta). Poi in azienda fanno le stesse cose. Peccato che si risparmi molto di più a razionalizzare i bucati (i motori elettrici sono molto assetati di energia) piuttosto che a spegnere la lampadina (che consuma molto meno, perché non si muove).

Ma vale anche all'incontrario. Ovverosia nella valutazione delle opportunità potenziali. Se uno non affronta tutte le tematiche considerando l'impatto sui conti dell'azienda come fa ad assicurarsi di concentrarsi su quelle cose dove ci si guadagna di più? Mi ricordo la più classica delle conversazioni. L'ho avuta con una banca sulla distribuzione di prodotti di raccolta gestita (l'"asset management"). Molti anni fa. Se venduti bene e prezzati in modo ragionevole (caveat importante visti gli esempi delle pagine precedenti) sono degli strumenti utilissimi per la clientela perché permettono di diversificare in modo facile il loro portafoglio di investimenti, sforzo altrimenti impossibile per il 99% dei clienti. E hanno un grande vantaggio: a fronte del servizio offerto, rendono di più a chi li distribuisce rispetto ad un deposito titoli dove mi compro un'obbligazione e la lascio lì per 10 anni sino a quando arriva a scadenza.

Anni dopo il lancio di questi prodotti e dopo l'entrata in vigore della normativa locale in materia nessuno aveva fatto questa banalissima riflessione (poi alla fine a qualcuno è venuto in mente e il mercato è scoppiato). Ma non perché ci voleva un premio Nobel a fare questo ragionamento, ma perché i vertici non pensavano all'azienda che gestivano in forma economico-sinottica (e non la facevano pensare in questo modo neanche ai loro colleghi). L'azienda era una serie di cose da fare, non un corpo di grandezze economiche.

Come si traduce tutto questo ragionamento nei fatti? Proverò a dare dei suggerimenti fatti di meccanismi e processi che vi permetteranno, una volta assegnati gli obiettivi ai vostri colleghi, di aumentare la probabilità di ottenere gli scopi che vi siete prefissati e di rafforzare l'azienda nel suo complesso.

E lo farò ragionando in modo molto semplice su ricavi, costi e rischi (e poi le altre cose), ossia sulle macro linee del conto economico.

In effetti, l'ordine sarà: costi, rischi e poi ricavi. La ragione è banale: è molto più facile sistematizzare i ragionamenti sui primi due, piuttosto che sui terzi che, ahimè, dipendono da molti altri fattori che in questo libro non possono essere trattati (come lo sviluppo prodotti e il marchio) per la molteplicità dei casi che dovrebbero affrontati.

Il budget di costi: datelo e disaggregatelo

I costi sono una brutta bestia. Crescono da soli. E ce ne sono pochi che da soli spariscono.

Quindi li dovete presidiare bene.

Come si fa a presidiarli bene? Io lo so! Riducendo i consumi, ri-negoziando i prezzi con i fornitori ed eliminando gli sprechi.

Non basta. Perché se dite ai vostri colleghi l'enunciato generico non succede un tubo.

Li dovete "costringere" a farlo.

E come si fa? Prima di tutto dovete inculcare loro l'idea che sono loro che stanno spendendo i soldi e non l'azienda.

Ogni volta che comprano qualcosa o assumono qualcuno devono pensare che sono loro che pagano.

Se così non pensano, ragioneranno in termini di risorse infinite.

Indipendentemente da come va l'azienda. Potrete essere al settimo cielo o sull'orlo del disastro, ma se non fate capire ai vostri colleghi che i soldi che stanno spendendo sono i loro, continueranno imperterriti a dissociarsi mentalmente dalle sorti generali della vostra impresa. Chi se ne frega. Se mi autorizzano mica è colpa mia. Se i soldi non ci sono mi diranno di no.

Qualche anno fa ho avuto come cliente un'azienda che aveva dei seri problemi. Dico di sopravvivenza. Non è che si trattasse di sanare un po' le perdite o qualcosa di questo genere. Si parlava di "domani ci siamo o non ci siamo". Ma per qualcuno era come se niente fosse. E continuavano imperterriti a chiedere di assumere persone o di fare quell'acquisto lì o quella spesa là. Era incredibile. Ma la spiegazione è semplice: erano soldi degli altri.

Non funziona. Ed è il ragionamento che abbiamo fatto all'inizio del libro. I vostri colleghi devono ragionare come quando vanno a fare la spesa. Ossia pensando che i soldi siano loro.

Il metodo e la soluzione sono molto semplici: allocare il budget e il potere di spesa alle vostre funzioni. Non sono io che ti autorizzo a fare quella spesa lì. Sei tu che impegni l'azienda e poi sono io a chiederti spiegazioni. Non solo sulle voci caratteristiche della tua funzione (nel senso dei costi vivi da questa generati), ma su tutte le voci che vengono scatenate da un tuo intervento (a partire dal personale).

Funziona che è un piacere. Trasforma le persone da dei battitori di cassa in gente con il braccino così corto che si devono rifare il guardaroba (ovviamente, non nel senso di non fare le spese utili, ma di stare attenti a quello che si spende).

A me sembra una banalità, ma ci sono tantissime aziende, anche multinazionali, dove così non funziona. Dove il budget della pubblicità ce l'ha lui/lei e allora io continuo a sparargli/le richieste di spesa, sensate o meno, poi se mi autorizza non è colpa mia che abbiamo tirato fuori troppi soldi.

No, no, no. Se tu sei il motore ultimo di quel tipo di spese, il budget lo do a te e poi ti voglio guardare negli occhi mentre mi racconti perché abbiamo sprecato le risorse dell'azienda.

E il bello è che spesso quasi tutta la struttura di costo può essere disaggregata tra i vari responsabili di funzione. Ossia, le voci che non sono divisibili o che non conviene dividere (perché sarebbe una perdita di tempo, dato lo scarso ammontare) sono pochissime.

Anzi, quelle non divisibili, comunque assegnatele come presidio a uno dei vostri responsabili di funzione e poi sarà lui/lei a mettere a posto la situazione (perché è lui/lei che sta spendendo i soldi). Classico esempio, anche se non sono molti costi, è la cancelleria. Datela in mano a qualcuno e comunque vedrete che i singoli smetteranno di comprarsi i blocchetti per gli appunti rosa perché sono carini (in effetti piacciono anche a me, ma i vezzi vorrei che la gente se li pagasse da soli). Perché se i soldi sono tuoi, a meno che non ci sia una buona ragione, i blocchetti per gli appunti rosa non te li compri.

Poi, vedi discussione dei capitoli precedenti, avrete sì dato un obiettivo di struttura di costo complessiva, ma ogni mese fate a tutti il loro conto economico, riga per riga (raramente sono più di dieci) e vedrete come le persone cominceranno a ragionare in modo diverso.

E, trucco banale, nello stesso report, mettete anche i ricavi (e il reddito) dell'azienda. La gente, meno male, tenderà in automatico a mettere in sincronia le due cose. Ovvero, anche se potrebbe farlo, non spenderà soldi se non vedrà che i ricavi stanno andando come vi aspettate.

E chiaramente, usate questi report per discutere con loro della loro performance. Nessuno, dico nessuno, avrà la tendenza a spendere più di quanto gli avete assegnato (non riuscirebbe a guardarvi negli occhi) e anzi, tutti si impegneranno a farvi vedere come sono stati bravi a "risparmiare" rispetto alle risorse disponibili.

Se la firma ce la metti tu ci pensi due volte, però i pagamenti vanno centralizzati

Non è finita.

Date un po' di manualità al processo. Ovverosia: impegni l'azienda a fare una spesa? Sull'ordine e sulla fattura ci metti la tua firma.

Per esteso in bella calligrafia.

Questo fatto dell'inchiostro (letterale o informatico) è un acceleratore dell'efficacia della decentralizzazione delle responsabilità. Già ti ho costretto a pensare che i soldi sono tuoi, adesso mi devi dare la manifestazione fisica che ci credi. Se mi hai detto che mi ami adesso mi devi baciare. Se no è una finta.

Poi fortunatamente c'è un ulteriore passaggio.

Ovverosia quello dei pagamenti. Nel senso che uno potrebbe comprare della merce e poi pagarla allo stesso tempo.

E' meglio non farlo e dissociare i due momenti perché il conflitto di interesse è eccessivo. Poi uno se la dice e se la racconta.

Allora l'autorizzazione sui pagamenti tenetevela voi. Dico tutta. Anche per i pagamenti da 50 euro (che comunque sono pochissimi).

Ossia, chi ha autorizzato la fattura deve sapere che poi passa da voi per l'autorizzazione al pagamento e che voi, prima di dare l'ordine, la guardate (la fattura), guardate la firma e a vostra volta vi chiedete se il tutto sta in piedi. E naturalmente, se c'è qualcosa che non vi quadra (e ogni tanto anche se vi quadra), fate una telefonata a chi ha firmato la fattura e fate un po' di domande. Così tutti sanno che guardate. Dato che nessuno ha intenzione di sentirsi imbarazzato in assenza di risposte o con risposte non accettabili, anche questo vi aiuterà a aumentare il livello di responsabilizzazione dei colleghi.

Non potete fare tutto da soli. Chiaramente una funzione aziendale deve gestire il lavoro per vostro conto. Ossia, organizzare il processo di raccolta delle fatture (caso mai che qualcuno se le tenga nascoste, tra l'altro), farle firmare (nel mentre verificare la disponibilità di budget, tanto per aumentare il livello di "pressione"), impostare i pagamenti, portarveli da firmare, chiudere il processo con la consegna dei bonifici alla banca. A parte il fatto che ovviamente non lo potete fare voi, avrete un ulteriore interlocutore che ci mette la faccia.

Perché la ciliegina sulla torta di tutto questo è un vostro collega della contabilità pronto a darvi tutte le informazioni "amministrative" su quella fattura lì o quel pagamento là. Che non vorrebbe fare la brutta figura di non avere le risposte di processo o di contenuto. A sua volta questo significa che lo stesso processo di disciplina organizzativa è stato seguito nel momento in cui le fatture sono state registrate e autorizzate.

Al riguardo, evitate come la rabbia i libri firme lasciati sul vostro tavolo. Quando pagate, volete sempre guardare qualcuno negli occhi. Qualcuno che deve sapere che non si può sgarrare. Ai libri firme lasciati sul tavolo, di tutto questo nulla importa.

Un paio di precauzioni. La prima è che il potere di assumere persone non deve essere decentrato. Perché le persone costano un mucchio di soldi e spesso, per motivi normativi e non, sono un costo pluriennale. Ciò vuol dire che la firmetta alla fine sulla lettera di assunzione la dovete mettere voi. Questo non significa che i vostri colleghi non abbiano il loro budget di costo del personale. E' sacrosanto. Ma non per questo debbono essere in grado di impegnare l'azienda per spese che, nei fatti, equivalgono all'acquisto di piccoli impianti.

La seconda riguarda i contratti: è meglio che pure quelli li firmiate voi. E' un mezzo trucco. I vostri fornitori accetteranno ordini senza un contratto sottostante solo quando le cifre sono limitate. Oltre lo vorranno. Il fatto che debba passare da voi (naturalmente dopo il visto, sempre per esteso in bella calligrafia, della funzione responsabile) è un'ulteriore garanzia che le cose non vadano fuori controllo (visti gli importi).

State tranquilli. Tutto questo non è un lavoraccio, raramente più di un'ora alla settimana, ma è un elemento fondamentale per il controllo della spesa e per quasi nessuna ragione al mondo vorreste fare le cose in modo diverso (a me non vengono in mente).

Inoltre, "guardare le fatture" vi darà una buona conoscenza dell'operatività aziendale, quella che altrimenti avreste difficoltà ad acquisire. E ogni elemento di trasparenza sulla performance complessiva, che voi riusciate ad acquisire in modo snello, vi aiuta a governare l'attività nel suo complesso.

Gli altri trucchi

Le tattiche non sono finite qua.

Se mi chiedete quali altre impiegare, me ne vengono in mente due per evitare alcuni tentativi di fuga dall'impostazione che abbiamo appena descritto.

La prima da introdurre riguarda di nuovo le persone o gli altri impegni economici rilevanti. Per le mille ragioni del mondo, a volte i vostri colleghi si sentiranno in difficoltà a chiedervi direttamente la vostra autorizzazione. Magari vi manderanno una mail. O cose di questo genere.

Naturalmente dovete rifiutare questo metodo di lavoro. Vuoi una persona in più? Primo devi avere il budget. Ma poi me lo devi chiedere guardandomi negli occhi. Strategia che renderà simili richieste più rare. Non tanto perché i colleghi siano in imbarazzo in senso assoluto, quanto perché li forzerete a ragionare sulla loro organizzazione interna (ma ne abbiamo veramente bisogno? Non basta che smettiamo di svolgere l'attività A e B che non ci servono più a tanto?) e a concentrarsi sugli impegni più importanti. Poi, se invece ve ne vengono a parlare, ascoltate in modo laico. Se non ci vuole, non ci vuole. Ma se ci vuole, ci vuole.

Spesso comunque vi accorgerete che le persone che chiedono risorse in più sono quelle che non dedicano particolare attenzione ai loro processi interni e che reagiscono aumentando la capacità produttiva. Dopo un po' ci farete il callo e saprete come resistere e come discriminare tra le richieste sensate e quelle meno motivate.

La vera verità su questo punto, infatti, è che spesso le aziende sono già strutturate e aggiungere altra capacità produttiva non è la soluzione. La soluzione è smettere di fare le cose inutili, migliorare i processi e dedicare le risorse liberate a svolgere le attività nuove.

La seconda tattica è che è importante applicare in modo rigoroso il principio che ognuno spende i suoi soldi e non quelli degli altri. Lo dico perché l'allocazione delle responsabilità di spesa, quella che abbiamo descritto prima, spesso comporta delle piccole forzature (nel senso che effettivamente anche un'altra funzione avrebbe dovuto avere un piccolo budget su quella voce; non l'avete fatto per semplicità). Pace, conviveteci. Però costringete i vostri colleghi a fare i conti con chi ha la responsabilità di spesa in oggetto. Ad esempio, potrà essere che le persone vi chiedano di poter spendere quei soldi che in effetti sono nel budget di qualcun altro. Non dite mai di sì. Chiedete piuttosto a ciascuno di loro di andarne a discutere con chi la responsabilità di spesa ce l'ha. Anche questo porterà i vostri colleghi a focalizzarsi sulle cose veramente importanti e a non inventarsi richieste poco rilevanti (che ogni tanto esistono solo perché tanto loro non pagano).

Gli interventi diretti su consumi, prezzi e sprechi (quello che dovete far fare agli altri)

All'inizio di questo capitolo abbiamo parlato delle tecniche attraverso le quali i costi vengono tenuti sotto controllo o ridotti: riducendo i consumi, rinegoziando i prezzi con i fornitori ed eliminando gli sprechi.

Sinora abbiamo parlato di come si ottengono questi obiettivi in modo indiretto, ossia attraverso interventi di processo e tattici.

Chiaro che, se volete, potete anche entrare direttamente in azione.

Prima di tutto, come sempre, facendo lavorare e ragionare i vostri responsabili di funzione.

Sui prezzi non è che ci sia molta tecnologia dietro.

L'importante è far metabolizzare ai vostri colleghi che il vostro fornitore ha un interesse principale: massimizzare il suo ritorno, non il vostro. E' ovvio. Che non c'è nulla di male, ma facciamo a metà. E alla fine non vuol dire essere degli strozzini. Spesso i vostri interlocutori avranno a loro volta fatto interventi sulla produttività, che avranno permesso loro di costruire ulteriore margine. E se c'è dell'ulteriore margine a disposizione, perché non chiederne un po' per la vostra azienda? Alla fine è quello che succede dal lato dei consumatori che, grazie alla concorrenza, sono spesso abituati ad un ambiente a prezzi decrescenti (checché se ne dica; guardate la tecnologia …). La stessa cosa è normale che succeda all'ingrosso, ossia nei rapporti tra un'azienda e i suoi fornitori. Diventiamo più oculati, esiste ricchezza in più, è più che legittimo aspettarsi che questa ricchezza in più sia condivisa.

Per non parlare di alcune categorie notoriamente "grasse" e che per le mille ragioni di questo mondo sono raramente oggetto di negoziazione di prezzi. Il caso più classico sono gli oneri dei professionisti. E' un po' come il medico. Nessuno gli chiede lo sconto. Ma perché? Per soggezione culturale? Perché ungono con l'imposizione delle mani? Perché tra persone di un certo livello non si fanno questi discorsi venali? Io vi suggerisco di liberarvi di questi schemi e far con queste categorie di fornitori lo stesso discorso che fate con gli altri. Userete il giusto tatto e le giuste parole, ma sempre rimane il fatto che non c'è ragione per cui una parte del margine non venga condivisa. La qualità è giustissimo pagarla, ma strapagarla non è una buona idea.

E se i vostri colleghi si sentiranno a disagio a fare una cosa così, suggerite loro una banale tattica: costringeteli a farsi fare due offerte separate. Ossia, create concorrenza tra i vostri fornitori (in molti casi lo starete già facendo, ma è importante estendere il principio a tutti). E nulla scatena nel vostro fornitore l'istinto bestiale di vincere come sapere che sul mercato c'è un'alternativa di qualità accettabile a condizioni migliori della loro; e siccome a questo mondo tutti devono mangiare, alla fine questa tattica porta risultati molto interessanti. D'altra parte, è lo stesso che la casalinga fa quando fa la spesa (che si trova sullo scaffale tutti i prodotti con il prezzo bene esposto), perché non lo dovreste fare anche voi?

Come fare a ottenere tutto questo dai vostri colleghi? Avete le due occasioni di cui abbiamo già parlato. Quando controllate e discutete con loro i risultati economici e quando autorizzate i pagamenti delle loro fatture. In entrambe le situazioni, di persona o al telefono, è giusto fare la domanda e chiedere se a quel costo o a quella fattura si è accompagnata una ragionevole negoziazione sul prezzo.

Sui consumi e sugli sprechi, che spesso sono due facce della stessa medaglia, secondo me potete ragionare su due assi. Il primo è chiedere ai vostri colleghi il pensiero a base zero. Ci sono un mucchio di cose che le aziende fanno perché lo hanno sempre fatto così. E siccome a molta gente le novità piacciono poco, anche se ho 35 anni e non sono ancora in pensione, il solo fatto di rimettere in discussione le metodologie di lavoro mi fa venire il mal di stomaco e quindi non ci penso neanche. E che noia! Un comportamento, peraltro, spesso indotto dalla già citata disponibilità di eccesso di capacità produttiva (ne riparleremo dopo con un'altra iniziativa di contenuto che potete guidare voi direttamente). E negli anni si accumulano cose su cose che magari non servono a nessuno, però abbiamo sempre fatto così e già che ci siamo paghiamo. Qua il vostro ruolo è ancora più "sottile" di prima e, nelle occasioni che avete di parlarne con i colleghi, non potete che enunciare continuamente il concetto. Le sedi sempre quelle sono, è inutile ripeterle. Dovete sfruttare queste occasioni per chiedere ai colleghi cosa facciamo di inutile e/o di mettere in fila le priorità. Ci sta benissimo quando all'inizio dell'anno discutete i progetti industriali. E le cose inutili e non prioritarie ditegli di smetterla di farle e di portarvi delle idee su come arrivarci. Prendetene nota (vedi sopra) e la volta dopo richiedeteglielo, finché lo capiscono e lo fanno.

Il secondo è forzarli a ragionare sulle banalità dei processi produttivi. Magari documentatevi anche un po', è sempre utile, ma alla fine le nozioni chiave non sono moltissime. La più importante è e rimane l'utilizzo delle nostre capacità intellettuali. E dico processi produttivi di qualsiasi tipo, quindi non solo quelli manifatturieri, ma anche quelli delle industrie di servizio e di tutti i lavori amministrativi di supporto.

Chiaramente non vi dovete sostituire agli ingegneri di processo, ma potete sempre ambire a ispirare i vostri colleghi. Lo sanno tutti che nel mondo dei servizi la smaterializzazione ha un valore chiave. Se lo faccio su carta vuol dire che non ho assolutamente sfruttato le potenzialità dell'elettronica. O che in qualsiasi processo produttivo tutto il tempo dedicato a muoversi per lo stabilimento, sia esso una linea di produzione di moto, sia esso una filiale bancaria, è tempo buttato via e, quindi, un costo improduttivo.

Non è questa la sede (né io ne ho le competenze) per ragionare troppo sul contenuto di interventi tecnici. A me qua interessa ragionare sugli spunti gestionali. I meccanismi per farlo fare ai vostri colleghi sono sempre gli stessi di cui abbiamo parlato con riguardo ai prezzi e all'eliminazione delle cose inutili. E in quelle occasioni di incontro, con la giusta cadenza, fate la domanda su quale processo assorbe la maggior parte delle risorse e, quindi, su quale intervento è opportuno introdurre per eliminare la parte più importante di quelle inefficienze. Fatevi spiegare come il vostro collega seguirebbe le cose e poi controllatene la realizzazione. E anche questa discussione sta benissimo quando fate la lista dei progetti dell'anno.

Gli interventi diretti su consumi, prezzi e sprechi (quello che dovete far voi)

Ogni tanto potete entrare nei contenuti anche voi. Dico come azione.

Ma di intervento veramente potente che potete fare in modo sistematico ne esiste uno solo.

Non me ne viene in mente nessun altro della stessa portata.

Ed è quello di "sfilare" le risorse ai vostri colleghi.

Le occasioni sono multiple. Dalle sessioni di budget dove chiedere ai vostri responsabili di ridurre le teste del 5% nel corso dell'anno (spesso poi per re-impiegarle all'interno). Alle persone che lasciano l'azienda che non vengono sostituite (anche se il budget lo avrebbe consentito). Al vostro sforzo di non tenere in azienda le persone che nel tempo non hanno dimostrato di essere adatte alla vostra organizzazione.

I vantaggi sono numerosi. Il primo, banale, è che i costi scendono, perlomeno nel breve termine. E spesso il costo del personale è una delle componenti di maggiore importanza all'interno della struttura di costo dell'azienda.

Il secondo è che le persone si portano dietro tante spese. Dall'affitto, alla luce, alla postazione di lavoro, ai materiali di consumo che assorbono.

Il terzo è che le persone creano lavoro. Siccome nessuno, neanche il meno produttivo, sta tutto il giorno a fare niente, allora tutte le persone creano attività, da cui seguono altri costi, complessità gestionale ed eccesso di comunicazione. Quindi, magari, pensate che avere un po' di eccesso di capacità produttiva non abbia conseguenze se non il relativo costo. La verità è che non si ferma lì e la situazione tende addirittura a peggiorare.

Il quarto e più importante è che forza i vostri colleghi a concentrarsi sulle cose fondamentali. E a chiedersi, ogni giorno, su cosa non devono fare per evitare di sprecare le risorse che hanno a disposizione. E questo fa innestare un circolo virtuoso da cui potrete solo beneficiarne. E' matematico. Se mi togli il "grasso" mi sforzo senza che neanche me lo chiedi sull'evitare gli sprechi. Perché il vero costo degli sprechi é che non riesco a fare le attività per cui mi valuterai bene. Con tutte le conseguenze che ne derivano.

Naturalmente lo potete fare anche su altri assi di costo. Mi ricordo di una funzione di marketing che con un budget ridotto faceva le stesse cose di quando aveva più risorse. Attraverso azioni di co-marketing faceva semplicemente pagare una quota del lavoro ai partner. Prima non lo faceva tanto pagavate voi. Dopo che voi non pagavate più, la gente si era fatta le giuste domande su come ottenere gli stessi obiettivi.

Però, tornando al punto iniziale, nulla è efficace come "sfilare" le persone.

E lo dovete fare voi perché se voi non forzate il meccanismo non succederà mai o molto raramente. Nessuno si priva dei suoi tesori, ovverosia dei suoi colleghi. Magari sono pronti a rinunciare al 10% dei costi diretti, ma le persone no. Quindi siete voi che, in modo scientifico, vi dovete dedicare all'argomento.

Si è dimesso qualcuno? Non ti firmo il contratto della sua sostituzione. Hai una risorsa di scarso valore? Crea le modalità, nel rispetto delle norme, per farla uscire dal perimetro aziendale e, comunque, ogni settimana ti chiedo se l'hai fatto (quelli bravi si mettono addirittura a cercare loro un lavoro per queste persone). Eccetera, eccetera.

Tutto questo, non abbiate alcun dubbio, è estremamente potente.

Ronald Reagan diceva: "starve the beast". E in questo senso, secondo me, aveva ragione.

Ah sì, mi è venuta in mente un'ultima tattica su cui potete lavorare voi direttamente: rimescolare le carte. Soprattutto per rinforzare alcune cose già accennate (tipo evitiamo di metabolizzare il concetto del "abbiamo fatto sempre così") ogni tanto vi conviene dare una mischiatina al tutto.

Tipo, faccio uno switch di posizioni manageriali. Oppure cambiamo uffici (già detto): il commerciale al primo piano al posto del marketing e il marketing al secondo piano al posto del commerciale.

Dà un botta di vita, si riparte da zero e molto cose che si davano per scontate o erano tollerate sono rimesse in discussione.

Un paio di suggerimenti generali

Il primo è di fare le cose semplici.

La complessità, un onere che ogni tanto è necessario sopportare, molte altre volte è qualcosa di cui se ne può benissimo fare a meno.

Le aziende, ovviamente, hanno la tendenza naturale a crearla, tanto quanto hanno la tendenza naturale ad accumulare costi, invece che a ridurli. Perché la semplicità richiede una certa disciplina, sia nell'affermazione del suo principio, sia nella continua necessità di rivisitare le cose per evitare che strati di semplicità si trasformino in complessità.

Nel complesso, bisogna fare poche cose, semplici (e preferibilmente bene).

Il risvolto economico positivo è un'accelerazione delle cose fatte (peraltro a un costo inferiore, anche perché si fanno più velocemente).

Questo vale su tutti i fronti. Dalla produzione di beni, all'erogazione di servizi, alla gestione dei processi amministrativi di supporto.

Ci sono naturalmente gli esempi di carattere macroscopico. Come le grandi burocrazie o le grandi aziende multinazionali. Ma siccome questo libro non parla di loro … è vero anche per le aziende di medie dimensioni.

Ma perché non aggiungiamo quel prodotto che potenzialmente aggiunge l'1% al nostro fatturato (quando altri 4 fanno il 99%)? Ma perché non apriamo un ufficio di rappresentanza in quel mercato che costituisce un granello del nostro business? Ma perché non organizziamo una riunione per discutere del cambio di contratto delle macchinette per il cibo?

Accettando queste tentazioni, si finisce per passare la metà del tempo sul nuovo prodotto, sul nuovo ufficio di rappresentanza, tutti attorno a un tavolo in riunione.

Combattetela il più possibile (la complessità) e promuovetela il più possibile (la semplicità).

Ogni tanto qualcuno penserà che così si rinuncia a delle opportunità, ma la vera verità è che l'azienda nel suo complesso ne beneficia, perché alla fine la complessità si paga. E a voi questo approccio permetterà di essere focalizzato sulle cose veramente importanti, di potervi concentrare sulle cose che fanno veramente girare l'azienda, di dominare i temi veramente chiave (invece che essere costretto ad assumere informazioni su mille rivoli che vi distraggono e vi permettono di capire bene molte poche cose).

Il secondo suggerimento di filosofia di gestione dei costi è di tenervi in casa solo i costi dell'attività caratteristica: quelli che sapete come devono essere gestiti. Se non lo sapete fare, dateli all'esterno, a uno specialista.

Qua spesso si vive nell'illusione che se me lo faccio da solo costa di meno. Spessissimo non è vero: se fate un buon contratto di outsourcing, ossia negoziato a costi ragionevoli, diventa molto rapidamente falso. Principalmente per le ragioni di prima. Ossia che se uno si mette a fare 100.000 cose, e poi fa il calcolo vero di quanto gli costano, viene fuori esattamente il contrario.

L'esempio spesso citato è quello di gestione del parco auto. Certo che scoccia un po' quando si fa un contratto di leasing lasciare un po' di soldi sul tavolo per la remunerazione della vostra controparte. Ma state sicuro che se le macchine ve le tenete in casa ci dovete mettere una persona che fa: il bollo, l'assicurazione, le pratiche di acquisto, i tagliandi, mi si è bucata la gomma, ho preso la multa, ho fatto un incidente, devo vendere l'usato e tutto il resto che alla fine vi costa di più rispetto a staccare l'assegno a uno specialista. Senza menzionare il fatto che ve ne dovete occupare, ossia dovete mettere uno che ha un po' di cervello a supervisionare l'attività (e essendo le macchine una questione delicata, potreste addirittura essere voi).

Resistete alla tentazione e fatelo fare a chi è più capace di voi. Staccherete l'assegnino, ma fare diversamente di sicuro vi costerebbe di più.

Sintesi

Rassegnatevi: l'azienda è un conto economico (o, anche un conto economico) e il conto economico va governato.

Cominciate coi costi e gestiteli facendo sentire coloro che li generano come i responsabili delle loro uscite. Devono pensare che stanno spendendo i loro soldi.

Dopodiché, costruite dei processi di approvazione della spesa e di autorizzazione dei pagamenti che stimolino i vostri colleghi a ragionare sull'efficienza.

A un certo punto potrete intervenire anche sui contenuti, sia in modo indiretto, stimolando i vostri colleghi a lavorare su prezzi, consumi e sprechi. Sia in modo diretto, gestendo in prima persona il processo di uscita di risorse dall'azienda.

Nel complesso, fate le cose semplici e concentratevi su quello che sapete fare meglio.

L'AZIENDA E' UN CONTO ECONOMICO - I
RISCHI

L'uccello del malaugurio è sempre in volo e ti colpisce quando sei voltato (infatti è l'uccello del malaugurio)

E' là che gira.

Chiamatelo come volete.

Malocchio, destino, sfortuna.

E' là, sempre in volo e pronto a colpire.

E quando colpisce, generalmente voi non state guardando.

Anzi siete voltato di spalle.

E siete voltato perché spesso non volete guardare oppure non ci volete pensare.

Spesso sottovalutati, stiamo parlando dei rischi.

Sottovalutati perché molti non metabolizzano il fatto che diverse aziende sono andate a gambe all'aria, anche se commercialmente di buon successo e magari anche efficienti, perché si erano dimenticate di presidiarli.

Sono cose che non si toccano. A volte anche parzialmente al di fuori del controllo del management. E allora non ci penso, saranno cose da avvocati.

E il fatto che spesso, se non sempre, colpiscano sotto la linea (nel senso che non fanno parte del reddito o delle perdite operative), costituisce un ulteriore palliativo.

Errore fondamentale.

L'azienda va bene! Ah poi è vero abbiamo avuto degli oneri straordinari perché quei 3 clienti non ci hanno pagato e quindi siamo dovuti uscire in perdita. Però l'azienda è sana. Un tubo! Se sotto la linea ci sono degli elementi importanti la vostra azienda è a rischio ed è meglio che ci dedichiate una quota importante del vostro tempo.

Quindi, continuando con l'approccio introdotto nel capitolo precedente, il secondo pezzo del conto economico (e questa volta sì anche dello stato patrimoniale) su cui ci concentreremo sono i rischi.

E vi posso assicurare che in questo campo il vostro ruolo è fondamentale. E' già innaturale per voi. Figuratevi per il resto dei vostri colleghi. Alla gente le brutte notizie non piacciono. E' un meccanismo di autodifesa. Quindi non ci pensano. E molti dal dottore non ci vanno anche se hanno quel dolorino lì.

Quindi, la vostra disciplina in materia è condizione necessaria per assicurarsi che gli altri in azienda ci dedichino la giusta quantità di tempo.

La differenza tra rischio e costo

Un aspetto metodologico importante: la differenza tra rischio e costo.

E che differenza c'è? Sono entrambe componenti negative di conto economico.

Sbagliato.

La risposta è che un costo è un'uscita che vi aspettavate (siete voi che avete acquistato quella merce là). Un rischio è una cosa che non vi aspettavate e la sua manifestazione di conto economico è l'effetto collaterale di un fenomeno che non avete generato o gestito voi, ma di eventi che, in larga parte, vi sono sfuggiti di mano o non avevate tenuto sotto controllo.

Ed è questo che li rende terrificanti. Perché non ve li aspettavate. E infatti, dato che non ve li aspettavate, ogni tanto si concretizzano in poco più che un buffetto (un cliente che non vi ha pagato una fattura), ogni tanto sono degli uragani che vi rasano gli uffici al suolo.

Non a caso, nei settori dove il rischio è connaturato alla gestione caratteristica (come le banche e le assicurazioni), il regolatore chiede di mettere da parte un po' di riserve (il capitale) per fronteggiare eventuali momenti bui. Perché la volta che vi colpisce, il reddito che avete prodotto nel periodo non basterà ad assorbire il colpo e, quindi, bisognerà avere da parte il salvadanaio per evitare di morire tutti di fame.

Faccio un esempio per capire ancora meglio. Le assicurazioni appunto. Vi offrono sia polizze vita sia protezioni contro gli eventi atmosferici. Teoricamente, entrambi sono rischi. In effetti, ahimè, la morte è un fenomeno largamente prevedibile, dico su larga scala. Non è che un anno la gente muore il doppio dell'anno prima. Dal punto di vista dell'assicurazione, questo non è tanto un rischio. E' più simile a un costo che la compagnia include nel prezzo della polizza al cliente come, di nuovo ahimè, include il costo delle auto aziendali del suo management team o della cancelleria dei suoi uffici.

Al contrario, gli uragani sono molto poco anticipabili. E chi se l'aspettava Kathrina quando ha colpito New Orleans? E come si faceva a sapere che gli argini dei corsi d'acqua avrebbero esondato, allagato diversi quartieri e purtroppo ucciso più di mille persone? Nemmeno Andrews (un altro uragano violentissimo) 15 anni prima aveva avuto lo stesso impatto. Questo effetto non è prezzabile in senso stretto. Potete solo sperare che le vostre polizze, nel tempo, abbiano prodotto sufficienti margini per l'azienda e che questi siano stati tali da aver permesso la costituzione di riserve di capitale per riuscire a fronteggiare una situazione di questo tipo.

Con la banale implicazione che un imprenditore sano, indipendentemente dall'imposizione del regolatore, dovrebbe mettere da parte del capitale per affrontare i momenti bui. Questo, a meno che lavori in un settore che non espone per niente l'azienda a degli eventi negativi significativi e non prevedibili o che abbia avuto e sia ragionevolmente certo di avere in futuro un conto economico tale da poter assorbire eventi anche molto pesanti (caso, ahimè, abbastanza raro).

Peccato che il capitale sia la risorsa più costosa che ci sia e, quindi, metterlo a disposizione dell'azienda non è la cosa più efficiente che ci sia.

Dunque è importante ragionare sulle modalità per evitare che il capitale impiegato sia eccessivo. Ciò si traduce in una politica di gestione dei rischi che, da un lato non può che accettare l'esistenza del fenomeno, dall'altro deve portare a evitare un'esposizione eccessiva perché appunto, minimo richiede un impiego di capitale non accettabile, massimo manda l'azienda all'aria.

Anche i rischi hanno un budget

Bene, adesso che ci siamo presi paura, come gestiamo il tutto?

Alla base c'è il ragionamento di prima. Ossia, capite quali sono i rischi, misurateli e soprattutto assegnateli ai vostri colleghi come obiettivi.

Obiettivi di perdita e che cosa sono?

E perché, quando assegnate un obiettivo di costo, anche quelle non sono mica perdite?

E' vero che ho appena finito di dire che il tema è più complesso e in effetti essendo un rischio un fenomeno inatteso dovrebbe essere misurato in quantità di capitale impiegato e poi mettere un limite a quell'ammontare di capitale.

Ma voi lavorate per una media azienda, non per un grande gruppo bancario o per una grande multinazionale. Farla troppo complicata non serve a niente, anzi forse è dannoso.

Quindi bisogna farla semplice, tapparsi il naso sulla mancanza di raffinatezza tecnica e premiare l'efficacia del metodo.

Significa dire al vostro collega che sul quel tipo di rischio il responsabile sei tu e quest'anno non devi perdere più di 100.000 euro. "That's it". In pochi casi non sarà possibile, ma in tanti altri sì. E allora perché non farlo?

E' un messaggio molto facile da passare, spesso molto semplice da misurare e che permette di ottenere la condizione numero uno perché questo fenomeno venga presidiato. Ossia, ancora una volta, che i vostri dipendenti si sentano responsabili in materia. Che non pensino che è un problema che riguarda qualcun altro o, peggio ancora, sono cose che succedono cosa ci possiamo fare?

E come abbiamo già discusso sui costi, questo porterà la persona, a cui avete assegnato l'obiettivo, a dormire sonni un po' meno tranquilli, ma altrettanto a farsi venire in mente delle idee per evitare di farsi trovare sdraiato supino quando i rischi si materializzano. E, al contrario, per mettersi nella condizione di essere ritto con lo scudo in mano.

D'altra parte, è anche giusto che non siate voi l'unico in azienda che non dorme benissimo.

E questo sarà un piccolo sacrificio collettivo da sopportare per assicurarsi, come sempre, che l'azienda nel suo complesso sia più forte e eviti di trovarsi impreparata nei confronti di cose che, prima o poi, comunque accadono.

Perché per accadere, e questa purtroppo in un arco temporale sufficientemente lungo è una certezza, accadono veramente.

Quali sono i rischi? Credito, frode, operativi, legali

Giustamente vi starete chiedendo: ma di cosa stiamo parlando? Quali sono questi rischi?

Molto facile. Secondo me sono di quattro principali categorie. Credito, frode, operativi e legali.

Il rischio credito ce l'hanno quasi tutti. Perché tutti vendono la loro merce a qualcun altro. E a parte qualche eccezione (tipo la distribuzione al dettaglio o altri che incassano subito), prima si vende e poi si prendono i soldi. Nel mentre, state facendo credito al vostro cliente. E il vostro cliente, quasi sempre paga e ogni tanto purtroppo no. Peccato che quando paga ci guadagnate il margine, quando non paga ci perdete il fatturato (o la base di costo che avete impegnato per quella fornitura). Che vuole sostanzialmente dire che in un settore con margine di contribuzione del 20% (diciamo un'azienda che ha solo costi variabili), se incassate il 10% in più guadagnate il 10% in più, mentre se non incassate quel 10% perdete circa il 50% del vostro utile lordo. Vi risparmio i conti.

Questo è un fenomeno ovviamente pervasivo. Noi siamo abituati che il credito lo concedono le banche e sono le banche che, se qualcuno non paga, ci rimettono. Invece, una quota importante del credito di una nazione se lo concedono le imprese prestandosi soldi tra di loro (ovverosia non esigendo l'incasso al momento della fornitura, ma accettando un pagamento posticipato) e, in quanto tale, le aziende si beccano anche una quota importante delle perdite su crediti.

Con il problema che mentre le banche lo fanno di mestiere, quindi sanno di più come comportarsi al riguardo, spesso le aziende manifatturiere e di servizi non hanno le conoscenze necessarie e, quindi, ne soffrono in modo pesante.

Per non parlare del fatto che l'effetto estatico che deriva dalla vendita dei propri prodotti/servizi spesso fa dimenticare ai vostri colleghi del commerciale (e ogni tanto pure a voi) che la vendita é conclusa quando avete preso i soldi e non quando avete ottenuto l'ordine.

Il secondo tipo di rischio è la frode. Meno pervasivo di prima, ma sempre presente. E le frodi sono di tutti i tipi. Arrendetevi, c'è sempre qualcuno pronto a farvene una. Un dipendente infedele di un vostro punto vendita che si porta via l'incasso della giornata. Un vostro impiegato degli acquisti che fa un accordo sottobanco con un vostro fornitore. Un ladro comune che vi clona il parco di carte di credito aziendali.

Spesso sono cose che uno dice: ma quello lì come fa a pensare di passarla liscia? Eppure succede. Perché la disponibilità di soldi immediata è inebriante. Perché ne ho fatta una ieri piccola così, non mi hanno beccato, "quasi quasi" oggi la rifaccio.

E la gente lo fa sia quando non ha niente da perdere, sia quando purtroppo per loro da perdere ha moltissimo. Anche se è ovvio che molto probabilmente alla fine ti beccheranno e finirai in prigione. Oppure la tua storia professionale sarà buia per i successivi 20 anni.

Il fatto che come fenomeno sia meno pervasivo del rischio di credito non vuol dire che non comporti degli effetti estremamente gravi.

Se ne sono accorte le banche di investimento con i dipendenti infedeli che, truccando il valore della loro posizione, hanno nel tempo causato perdite di dimensioni colossali. Che alla fine si sono concluse con il collasso dell'azienda. Magari i "rami" sono rimasti in piedi, acquisiti da banche in quel momento dotate di risorse adeguate. Ma l'azienda, e voi con lei, è andata in fumo.

Per non parlare della postina del paese di montagna che si è portata via milioni di euro di depositi dei propri clienti. Una bravissima donna. Ma pare che, per amore, abbia fatto questo sacrificio.

Ho appena fatto due esempi relativi al mondo finanziario. Dove i soldi circolano in quantità significative. Chiaro che la media azienda raramente vi appartiene. Ma non per questo è opportuno abbassare la guardia su questo fronte.

Tra l'altro, un problema di questo tipo di rischio è che vi fa perdere un mucchio, ma dico un mucchio di tempo. Perché andare a pizzicare chi vi ha rubato i soldi è un'attività molto dispendiosa (avvocati, polizia, processi, …).

Il terzo rischio è quello di natura operativa. Ovverosia quello che si manifesta se si rompe qualcosa. O se il fornitore non vi porta le materie prime. O se arriva l'epidemia da influenza A e metà dei vostri dipendenti stanno a casa.

Io a essere sincero questa categoria mi spaventa non tanto per le manifestazioni dirette (probabile perdita di ricavi nel lasso di tempo all'interno del quale il rischio si è manifestato). Quanto per l'effetto di lungo periodo sui ricavi stessi: se sei chiuso un giorno su cinque per incidenti di vario tipo allora vado da un altro a comprare la merce. A parte un caso specifico che vedremo nel testo.

L'ultimo rischio che ho indicato è quello di natura legale. Ovverosia quello associato a camminare sul sottile confine tra possibile e meno possibile. Tra legittimo e meno legittimo (l'illegittimo spero sia più chiaro da identificare e quindi più facile da evitare). Purtroppo è una questione più diffusa di quanto uno si possa aspettare. E non tanto per motivi di onestà di base dei singoli o dell'azienda. Piuttosto è legata alle altre mille ragioni del mondo. La prima delle quali è che ognuno di noi è un po' vittima della vastità di regole che il legislatore ci impone. Magari in più paesi. E purtroppo non è irrealistico il caso dove la regola non è chiara e non si capisce.

E poi ci sono i rapporti tra privati. E anche quelli hanno un risvolto, soprattutto contrattualistico, che può generare dei rischi (se una delle due parti non è fedele agli impegni).

Un mondo, questo del rischio legale, che di sicuro va presidiato in modo molto efficace.

A conclusione di tutto questo, poi, anche se non lo ho elencato all'inizio tra i vari tipi di rischio, c'è il fatto che i vostri ricavi comunque salgono e scendono. Per le mille ragioni del mondo: la recessione, la concorrenza, avete sbagliato il prodotto, avete sbagliato il prezzo e altro ancora. Con effetti più che proporzionali sul reddito operativo.

Presidiare questo aspetto si ricollega in modo più diretto alla salute strutturale dell'azienda, ovverosia alla sua capacità di sopravvivere, sperabilmente di vivere, non dico indipendentemente, ma non completamente in balia degli eventi esterni. E quindi anche di questi parleremo.

Come si gestisce il rischio di credito

Questo tema si affronta in due modi molto semplici (naturalmente dopo avere assegnato la responsabilità della gestione di questo rischio; vale anche per tutto il resto, non lo ridico più).

Il primo è la costruzione del vostro portafoglio crediti.

Che deve essere fatta evitando il più possibile il rischio concentrazione.

Da un punto di vista creditizio è questo che farà saltare l'azienda. I big ticket. Tutto il resto è generalmente meno rilevante. Voi potrete fare business con tanti paesi e clienti ad alto rischio in giro per il mondo, ma se il vostro portafoglio è frazionato, in quasi tutti i casi correrete meno pericoli rispetto che avere poche grosse posizioni con un numero limitato di clienti in paesi di standing superiore.

Questo perché in un portafoglio frazionato è quasi impossibile che gli affari vadano quasi tutti male contemporaneamente.

Mentre in un portafoglio concentrato, magari non a voi, ma al vostro vicino una volta ogni 10 anni qualcuna gliela combinano e allora bang ce ne andiamo tutti a casa.

Ci sono ovviamente delle situazioni dove l'applicazione di tutto questo non è possibile. Dove i vostri clienti sono strutturalmente quattro e lì poco ci potete fare.

In questi casi io vi suggerisco di: o lavorare solo con aziende di elevato standing creditizio o di accettare delle condizioni di pagamento molto ravvicinate. In modo da non essere pesantemente esposti "at any point in time".

Se questo non è possibile, rassegnatevi e come si dice sugli aerei: "brace for impact". Perché prima o poi vi succederà.

La seconda cosa da fare è concentrarsi su come recuperare i soldi il prima possibile. E' una trovata ai limiti della genialità. Ma un mucchio di aziende non lo fanno.

Mi è successo qualcosa di brutto. Chiamo l'avvocato. Adesso a quello là gli faccio causa.

Va bene, prima o poi dall'avvocato ci dovete andare, ma se cominciate così alla fine porterete a casa abbastanza poco.

Il fatto è che i soldi non è che spariscano tutti contemporaneamente. Chi non vi paga, invece che avere a disposizione i 100 che gli servono, probabilmente ne ha solo 80. E con quegli 80 deve soddisfare tutti gli impegni per cui avrebbe avuto bisogno dei 100.

Ma allora il gioco si basa sull'appropriarvi della vostra quota degli 80 prima che lo facciano gli altri.

Naturalmente in modo legittimo. Ma non c'è ragione per fare i gentiluomini quando è in gioco la salute della vostra azienda e quando anche gli altri creditori probabilmente penseranno di fare la stessa cosa.

Perché dovete essere voi a rimanere con il cerino in mano? Lasciate che ci rimanga qualcun altro. Ma non tanto per cinismo o altri sentimenti inferiori. Se siete bravo, siete bravo anche a farvi pagare. Se no gli stipendi dei vostri dipendenti come li pagate? Con i soldi che si è portato a casa un altro creditore e non voi?

Come si traduce tutto questo?

Mettete in piedi una macchina, piccola a piacere, ma dedicata, di specialisti di recupero del credito.

Vi ricordate Harvey Keitel in Pulp Fiction? Quello che risolveva problemi? Quelli ci vogliono. Ossia quelli che passano dalla mattina alla sera a ragionare su come incassare i ricavi che non vi sono arrivati naturalmente.

Non devono fare altro. Perché se lo fanno, avranno la tentazione di dedicarsi a cose più amene. Chi non ce l'ha? E perché mi devo mettere a litigare con quello là con cui sino a ieri ho avuto una relazione piacevolissima? E allora dovete avere lo SWAT team. Quello che interviene solo nelle situazioni di emergenza. Che se lo fate fare al poliziotto di quartiere, quello prima di alzare la voce gli viene in mente quanto era gentile sino all'altro giorno quel signore che sta tenendo in ostaggio due persone. E che, nel mentre che riflette sul bel tempo andato, si becca un pugno in un occhio.

Ci vogliono i cecchini (metaforicamente). Vi può piacere o meno, ma è una parte importante della vostra attività.

E insieme alla creazione di un gruppo dedicato, studiate dei processi che uniscano metodicità a velocità. Il recupero del credito non è un arte. E' un sistema. Ossia, può essere codificato in una serie di passi molto precisi, spesso senza farsi venire in mente idee stravaganti o particolarmente fantasiose. Da eseguire in modo sistematico e con rapidità.

E questo processo lo potrete codificare tanto da poterlo proceduralizzare (ossia documentare) o addirittura inserire all'interno di un sistema informatico che vi guida le attività giornaliere. Chiaro, lo potete fare soprattutto quando avete un portafoglio molto frazionato. Ma in ogni caso è bene pensarci anche quando le vostre esposizioni sono concentrate. Il peggior nemico della tempestività è la mancanza di preparazione. Quindi, se più o meno sapete già che passi dovete seguire, avete un vantaggio competitivo rispetto a chi non ha condotto questo esercizio.

E questi passi ruoteranno, soprattutto, intorno a una serie di comunicazioni serrate con il vostro debitore, unite ad azioni che perlomeno hanno il sapore di essere dei passi pre-giudiziali. Se il debitore capisce che lo avete beccato subito e che non intendete dargli tregua (d'altra parte i soldi sono vostri, non suoi) allora è molto probabile che qualcosa porterete a casa. Se invece si rende conto che questo non succede darà i soldi che ha agli altri creditori (quelli che gli stanno dietro) o se li terrà per sé (se si rende conto che nessuno è serio nell'attività di recupero e che poi tanto "ci pensano gli avvocati").

Potete anche decidere, se siete troppo piccolo oppure se pensate di non riuscire ad attirare risorse qualificate sul tema sul mercato del lavoro, di non svolgere l'attività in casa. E in effetti, alla data di redazione di questo libro, sul mercato ci sono molti fornitori che vi possono aiutare.

E' accettabile, ma come tutte le relazioni in outsourcing, è fondamentale che qualcuno nella vostra azienda sappia che se il recupero è inefficace la colpa è sua, non del fornitore (dato che il fornitore lo gestisce lui/lei). Perché se l'ottica è "gli/le passo le pratiche mo' se le gestisce lui/lei", allora non si ottiene nessun risultato. L'outsourcing si fa se là fuori c'è qualcuno che sul tema tecnico è meglio preparato di voi, ma il cervello con cui si ragiona bisogna sempre tenerlo in casa.

Potete anche decidere di assicurarvi. Secondo me dipende di nuovo dal tipo di portafoglio. Se è frazionato, la verità è che siete già assicurati. Nel senso che la teoria è che un assicuratore vi dà delle garanzie a un prezzo accettabile perché riesce a spalmare le perdite su un insieme di posizioni rappresentative di una popolazione, invece che su un suo campione non rappresentativo. Se però la popolazione voi ce l'avete già in casa è inutile pagare un premio assicurativo. State solo trasferendo ricchezza (il profitto assicurativo) a un terzo. E' meglio se vi "auto assicurate". Se invece quello che avete in casa non è rappresentativo di una popolazione (ossia se i vostri debitori sono pochi e grossi) allora assicurarsi può essere una buona idea. Anzi è un'ottima idea e l'unica vera cosa da verificare è se il vostro conto economico regge il premio assicurativo. Non tanto perché se non lo regge non lo dovete fare. Quanto perché se non lo regge vuol dire che nei fatti la vostra azienda è in perdita (ossia, magari è in utile ma quando arriverà la botta avrà dei serissimi problemi, a meno che per quella data non abbiate accumulato molto capitale) e allora è meglio che ragioniate su un insieme di ulteriori soluzioni per evitare di trovarvi in questa pochissimo felice situazione.

Penultima osservazione: sul tema dei rischi di credito è importante controllare i saldi patrimoniali. Abbiamo visto prima che per molte aziende l'enfasi del controllo deve essere sul conto economico. Però in questo caso è altrettanto importante che la reportistica che avete a disposizione vi dica quanti soldi la gente non vi sta dando e che età hanno queste posizioni. Naturalmente non deve avere una periodicità frequentissima (ma comunque è meglio che sia disponibile almeno una volta al mese), però deve essere uno degli strumenti attraverso i quali dialogate con le persone a cui avete attribuito questa responsabilità.

Ultima osservazione, anche se spiacevole: non abbiate paura a registrare le perdite su crediti (o gli accantonamenti del caso). La registrazione delle perdite non ha, in linea di massima, un effetto reale (a parte le questioni fiscali, peraltro a vostro favore). I soldi o non li avete persi o li avete persi. Indipendentemente dal fatto che abbiate fatto una registrazione contabile. Però tenere i conti puliti al 100% vi dà molti benefici. Ne abbiamo già parlato, quindi, non voglio ridire le stesse cose. Ma se dopo un lasso di tempo ragionevole il debitore non mi ha pagato è inutile nasconderlo. L'ho già chiamato 10 volte, gli ho mandato 2 lettere in cui minacciavo un'azione legale, sono andato a bussare alla sua porta. Se non ha pagato adesso, è raro che paghi dopo. E allora, se non vi ha dato delle garanzie vere, prendete questa perdita e ricominciate a pensare al business. Il primo giorno sarete infastidito. Dal secondo in poi magari vi sarete anche tolto un peso, a beneficio dell'azienda nel suo complesso. E poi magari, dopo le pratiche giudiziarie, una sopravvenienza attiva comunque vi arriva. Ma il vostro conto economico non può essere costruito su una speranza non razionale o non basata sulle esperienze passate.

Come si gestiscono i rischi di frode

Anche in questo caso le modalità di gestione del problema sono abbastanza chiare.

La prima è che in negozio alla cassa ci sta il padrone. Io da piccolo andavo dal macellaio. Lì il macellaio era al bancone. Ma alla cassa c'era sua moglie. E il garzone faceva un altro lavoro. Ma è la stessa cosa.

Che in un'azienda vuol dire: non decentrate i pagamenti, ma teneteveli tutti per voi. E mettete in piedi delle verifiche continue sugli incassi in contante (dato che far le frodi con il bancomat è più difficile).

Sui pagamenti centralizzati ne abbiamo parlato già prima. Però in ottica di costo e di responsabilizzazione dei colleghi. Qua l'ottica è diversa e va letta come meccanismo per evitare le frodi. E' chiaro che se i soldi li potete fare uscire solo voi sarà difficile che li faccia uscire qualcun altro. E che se li intaschi. Quindi, la firma in banca mettetecela solo voi (e magari un sostituto fidato per quando siete in vacanza; non per quando siete assente che anche se pagate il fornitore X domani non succede niente). E i pagamenti si fanno solo attraverso il canale bancario (no cassa in azienda se non per il caffè al bar).

Invece sugli incassi in contante non ne avevamo ancora parlato. Va da sé che meno ce ne sono meglio è. Perché è un po' difficile che un dipendente alla cassa si intaschi gli incassi di un cliente che ha pagato, come abbiamo detto, con il bancomat. Però, soprattutto nelle attività al dettaglio succede (pensate a un supermercato) e allora bisogna pensare a come evitare che i soldi passino dalla mano del cliente alla tasca del cassiere invece che nel registratore di cassa.

Dispiace dirlo, ma un vostro dipendente che guadagna 1.000 euro netti al mese (50 al giorno lavorativo) e se ne trova lì davanti 2.000 (gli incassi della giornata) un po' di appetito se lo fa venire. Piace, non piace, bisogna arrendersi all'evidenza. I soldi fanno gola. E per evitare che la gola diventi un peccato capitale, bisogna prima di tutto eliminare la tentazione. Ossia non farglieli vedere. Hai incassato 500 euro? Te li tolgo dalla cassa e li metto nella cassa centrale. Ci sono 10.000 euro nella cassa centrale? Li porto in banca. Tutto questo richiede magari tecnologia, processi e costi, ma avete poca scelta. Perché se lasciate la tentazione a disposizione del vostro dipendente prima o poi gli/le scappa e se le tentazioni sono diffuse gli/le scapperà molte volte a molte persone diverse.

E allora dovete fare in modo di capire quanti soldi ci dovrebbero essere in cassa in quel preciso momento, forzare l'"estrazione" della cassa da quel sito e, in ultima analisi, depositarla in banca. E se tutto non quadra alla perfezione nel giro di poche ore vuol dire che c'è qualche buco.

Il tutto condito della cosiddetta politica degli azzeramenti: ossia a un certo punto ci costringiamo a non avere più neanche una monetina in mano (ossia lungo tutta la catena dei passaggi di cassa) e vediamo se quello che effettivamente è stato depositato in banca corrisponde all'insieme complessivo della liquidità (naturalmente per evitare che con il giochetto del circolante esista sempre un ammontare che si sottrae al vostro controllo).

Il tutto va spuntato il più velocemente possibile con delle cose "vere". Perché se lo scontrino chi vi sta frodando non lo batte sarà più difficile beccarlo. E allora con cosa controllo se lo scontrino doveva effettivamente essere emesso? Non posso che farlo con delle cose fisiche, in particolare con la quadratura del magazzino o cose di questo tipo.

Quando il fattaccio succederà (è scontato), dovete discutere il tema molto apertamente. Il colpevole deve essere additato e il suo caso deve essere illustrato a tutti i presenti. Se avete dei timori su temi di privacy, parlate del caso ai colleghi senza fare nomi (e/o verificate le modalità di possibile condivisione con un avvocato e/o esperto in materia). Ovviamente, con una bella lettera di licenziamento consegnata nei successivi 20 secondi. Ogni tanto, purtroppo, queste cose bisogna farle. D'altra parte state solo pretendendo dai vostri colleghi che non compiano dei furti a danno dell'azienda e, quindi, avete il diritto di prendere le cautele del caso. Il ladro è l'altro.

La seconda modalità di gestione è la disaggregazione organizzativa, sia sulla prima, sia sulla seconda linea.

Sulla prima linea dovete eliminare tutti i possibili conflitti d'interesse. Abbiamo già accennato il trader che si valutava da solo la posizione. E' ovviamente importante non lasciare in giro queste esche. E allora vuol dire mettersi lì e farsi venire in mente le cose che, se la cui esecuzione viene lasciata "organizzativamente" alla stessa persona, potrebbero creare degli scompensi. E dividere l'esecuzione in due. Tu fai i "trade" e io carico i prezzi.

Sulla seconda e sulla terza linea non è male dotarsi della figura dell'ispettore. E' un ruolo spesso non valorizzato a sufficienza e molte volte segue tematiche che al vertice di quell'azienda non interessano tanto (mentre dovrebbero). Ma avere uno a cui sarebbe piaciuto fare il poliziotto spesso serve. Non è il controller normale, che peraltro è spesso concentrato solo sui numeri. E' quello che si chiede come si potrebbero creare dei problemi all'azienda e va a vedere se non è mica successo proprio così. Che su base periodica guarda i movimenti bancari, soprattutto per importi non irrilevanti. Che si spulcia le carte di credito e le note spese e capisce se c'è qualcosa che non va. Che ha presente i principali processi aziendali e controlla se effettivamente siano stati seguiti come l'azienda aveva deciso. Che si fa venire in mente gli incroci e le casistiche del caso e guarda che non si verifichino mica le cose che uno aveva sospettato: tipo, anagrafa i cognomi delle mogli e dei mariti dei dipendenti e va a vedere se tra fornitori e/o le controparti bancarie ci sono degli appartenenti alla categoria.

Non vi va di avere il poliziotto in casa? Turba troppo il clima aziendale? Non siete grandi a sufficienza per potervelo permettere? Va beh, assumete un auditor esterno, preparategli un piano di audit e una volta ogni trimestre fateglielo condurre.

Curare queste due cose, come gira il denaro e quanto il tacchino se la può raccontare da solo, vi farà fare un bel passo in avanti nella protezione della vostra azienda.

Poi però ci sono i rischi che arrivano dall'esterno. Perché in un modo o nell'altro non è raro che ci sia qualcuno là fuori che cercherà di sottrarvi dei soldi. Naturalmente è difficile categorizzare gli interventi, dato che è difficile categorizzare le tipologie di frode esterna. Potrete anche decidere di imparare un po' dall'esperienza e quindi porre rimedi man mano che, ahimè, dovrete gestire gli incidenti del caso. Ma fatelo solo se siete convinti che una potenziale aggressione dall'esterno non sia mortale o comunque molto seria.

L'alternativa è quella di sedersi a tavolino e, di nuovo ahimè, ragionare come ragionerebbe un ladro. Cosa può fare appetito e come proverei ad appropriarmene. E a quel punto inserite le barriere del caso.

Io non ho mai trovato particolarmente difficile identificare la soluzione. La parte più ardua era mettersi nei panni del ladro. In particolare, perché spesso il ladro ne approfitta quando avete il fianco scoperto (che non raramente è uno stato in cui uno si trova in modo non conscio). Ma se avete trovato delle soluzioni, anche di base, é già molto più difficile che qualcuno se ne approfitti.

Assicurarsi invece che prevenire? Valgono un po' i ragionamenti di prima. Uno si dovrebbe assicurare solo quando ha davanti a sé una perdita molto pesante. Se la perdita potenziale è piccola o molto frequente io ritengo che non ne valga la pena. Nel senso che nel tempo si paga più in premi assicurativi che in danni altrimenti subiti. Se avete davanti una potenziale voragine, allora è comunque meglio assicurarvi, ma la prevenzione è fondamentale. Pagherete meno in premi assicurativi e, soprattutto, ridurrete in modo drastico la possibilità di diventare delle vittime, con molti benefici in termini di sicurezza aziendale e di riduzione della complessità gestionale (forse l'ho già detto, ma sapete quanto tempo si può perdere stando dietro a queste cose?).

Come si gestiscono i rischi operativi

Ma esistono veramente?

E' chiaro che, ogni tanto, l'incidente può succedere. Ma quante volte non siete stati in grado di ripartire con la produzione dopo qualche ora?

Sono cadute le linee di comunicazione? Avete i sistemi informativi fermi per 2 ore? Perderete un po' di fatturato, poi magari buona parte dei clienti comunque ritorna (era solo andata a farsi un giro).

Ossia, siamo sicuri che le manifestazioni in termini di rischio operativo siano così pesanti?

Certo, vi può colpire un uragano. Oppure potete subire un incendio. Ecco però se mettete l'impianto sulla punta meridionale della Florida ve la siete cercata.

Io devo dire che, a parte l'uso del buon senso (ossia, no punta meridionale della Florida, oppure punta meridionale sì ma impianto costruito con materiali solidi), mi viene in mente solo una possibile macro-azione che riguarda le modalità per sopperire a mancamenti importanti della vostra struttura (dando per scontato che avete già lavorato sulla solidità dei vostri processi di produzione e state solo cercando di prevenire l'evento drammatico).

E' la ridondanza.

Certo avere due linee di produzione non è sempre facile (ovviamente non una funzionante e l'altra ferma in attesa, ma entrambe attive e con la capacità di assorbire perlomeno parte della produzione dell'altra). Magari la scala non lo consente o addirittura di impianto ve ne potete permettere uno solo.

Un'altra alternativa, orrore, è di avere un po' di magazzino. Alla fine, serve allo stesso scopo.

Molto più semplice è invece il caso delle aziende di servizi. Qui i sistemi di produzione sono prevalentemente i sistemi informativi. In questo caso fate una stanza CED qua e una là. L'investimento è generalmente accettabile e con un po' di soldi in più vi comprate una buona dose di sicurezza.

Un po' più sottile è il caso che si incontra quando il rischio riguarda le persone, nel senso che alcuni colleghi chiave se ne possono andare, si possono ammalare, o altro. In questo caso la declinazione della nozione di ridondanza si esprime in due modi. Innanzitutto con la panchina lunga. Mentre sconsiglio a chiunque di avere il direttore e il vice direttore, non è per niente una cattiva idea quella di coltivare più talenti di quanti ne servono per avere il rimpiazzo pronto quando il vostro collega X vi lascia. Non è che debba essere lunghissima. Spesso, due o tre persone di valore risolvono tutti i problemi. Al contrario, di sicuro non volete trovarvi nella situazione dove ogni capo funzione ha sotto di sé dei meri esecutori addestrati a non utilizzare le proprie capacità intellettuali. Sarete sotto continuo ricatto e comunque se il tizio viene investito da una macchina non avrete la soluzione pronta.

Oltre a questo, frazionate i potenziali baronati. Parzialmente sovrapposto al caso precedente, vuole sostanzialmente dire che se uno ha troppo potere gli/le dovete spezzettare le responsabilità. E' il classico caso di alcuni capi della forza vendita. Che se se ne va via lui/lei si porta dietro tutta la rete di venditori (è questo il rischio operativo). Niet. Dividete le responsabilità tra due o tre persone. Frazionando il territorio o lasciando unito il territorio e spezzando le sottofunzioni gestionali.

Applicando queste tattiche potrete essere ragionevolmente tranquilli che la vostra struttura di persone non sia messa veramente in pericolo. Se va via qualcuno avete il back-up e comunque quello lì va via da solo (senza portarsi dietro colleghi e clienti).

A parte la ridondanza esiste poi un altro tema da affrontare, un po' più delicato, per proteggere la vostra azienda dai rischi operativi: è la sicurezza su lavoro.

Argomento da affrontare non solo perché se succede qualcosa a un vostro collega vi mancano dei ricavi o si generano dei costi.

Lo dovete fare soprattutto perché é giusto curarsi del fatto che nessuno si faccia del male. Punto. Ed è fondamentale non contribuire a creare, anche per negligenza, delle situazioni inaccettabili, come l'invalidità di un collega, con le conseguenze tragiche per lui/lei e per la sua famiglia.

Non riesco ad aggiungere altro perché non ho molta esperienza al riguardo (nel senso che grazie al cielo non ho mai dovuto soffrire di eventi di questo tipo), ma vi consiglio caldamente di sedervi, capire come i vostri colleghi si potrebbero fare male e trovare tutti i modi possibili per evitare che l'evento si materializzi. Ci sono tanti consulenti in materia, date a uno il mandato di assistervi e fate quello che vi suggerisce.

Come si gestiscono i rischi legali

Diciamo che la risposta spontanea sarebbe: basta non prendersene.

E' sufficiente obbedire letteralmente al dettato della legge e al contenuto dei contratti e i rischi legali non si materializzano.

Sarebbe facile.

Purtroppo non è così.

Diamo per scontato che siamo delle persone a modo. Timorati di Dio e ossequiosi delle leggi del paese in cui lavoriamo. Allora uno penserebbe che basta che vi documentiate in modo diligente e seguiate il contenuto della normativa. E altrettanto, che leggiate i contratti e capiate lo spirito con cui sono stati redatti e applichiate quello che avete concordato quando li avete firmati.

E invece passerete un mucchio di tempo in situazioni molto diverse da queste.

Il primo problema è che le leggi e le norme non sono un corpo unico, costruito in modo organico da persone che continuamente hanno ragionato in modo sistemico sulla tenuta del quadro complessivo.

Lo sono in parte, ma non al 100%. E, ovviamente, non per mala fede; quanto perché le leggi sono scritte da delle persone fallibili, in momenti diversi e con motivazioni diverse. O anche perché il fondamento giuridico di quel paese così è fatto: norme vaghe, se c'è qualcosa da discutere, ci pensa il giudice a darvi un'interpretazione (dove però voi potreste risultare colpevoli). Per non parlare dei casi dove il regolatore dice una cosa e i "law enforcers" sul territorio (non per cattiva fede, ma ad esempio per mancanza di comunicazione) pretendono che voi vi comportiate in modo diverso.

E quindi in diverse occasioni vi troverete a vagheggiare nell'incertezza. Al massimo, qualche professionista vi darà del conforto su quale strada percorrere, ma alla fine la decisione sarà vostra e solo vostra.

Che fare?

Io nel tempo mi sono convinto che un'idea ve la dovete fare in prima persona. Siete un avvocato, non siete un avvocato, pace. Vi dovete chiarire prima di tutto con voi stessi se quello che state facendo sta in piedi o non sta in piedi. Perché se non riuscite a raccontarvelo neanche a voi, davanti a uno specchio, senza abbassare lo sguardo, vi siete già dati una risposta (ossia non dovete fare quello che state facendo o pianificando di fare).

Dopo (o durante) aver passato questo test, ovviamente, cercate conforto tecnico. Legale interno, avvocato esterno, dipende da come siete organizzati. E vedete se anche secondo loro le cose funzionano.

Una volta che siete riuscito a formulare una tesi che sta in piedi, fate un'ulteriore riflessione sulle conseguenze. Se sono accettabili, allora vale la pena correre il rischio della convinzione delle proprie idee. Vincerete nove volte su dieci, una volta perderete. Pagherete una sanzione o qualcosa di questo genere. Pace. Se non sono accettabili, ovvero sono sanzioni pesanti o peggio ripercussioni penali, mettetevi il cuore in pace e scegliete una strada diversa, meno rischiosa. Nel tempo godrete molto di più per non essere vissuto sotto la spada di Damocle piuttosto che gioirvi dei magari pochi benefici che la vostra propensione al rischio vi ha portato.

Certo può essere paradossale. Magari siete convintissimo che in quella zona grigia voi avete perfettamente ragione e non è giusto che evitiate di fare una cosa che vi sembra (a voi) corretta al 100%. Ma siccome a qualcun altro questo potrebbe non piacere (perché ha un'idea diversa) e magari questo qualcun altro ha in mano una pistola (giuridica), allora il mio consiglio è di voltare pagina ed evitare di crearsi dei problemi assumendosi dei "grossi" rischi.

E poi c'è sempre la questione della reputazione. Se avete una macchia per qualcosa di più grave di un divieto di sosta, poi la vostra vita diventa più difficile. Meno persone avranno voglia di avere a che fare con voi e la vostra vita professionale potrebbe incontrare molti ostacoli. Anche se eravate completamente in buona fede e vi siete mosso secondo una linea che consideravate onesta al 100%.

Nello scenario che vi stiate assumendo solo dei rischi minori, non partite invece dal presupposto che l'"accusa" abbia sempre ragione. L'"accusa" di lavoro fa l'"accusatore" ed è giusto che il suo ruolo lo svolga. Ma non è lui/lei che decide, è il giudice. E quindi è giusto partire dal presupposto che bisogna difendersi. Se pensate di esservi mosso in modo corretto, evitate qualsiasi soggezione e andate davanti al giudice e difendetevi, invece che partire dal presupposto che dovete pagare. E se avete fatto delle buone riflessioni a monte e siete in buona fede, è molto probabile che il giudice dia ragione a voi in un numero significativo di occasioni.

Usciti dal mondo della norma, la vita diventa un po' più facile. Nel senso che nel mondo dei rapporti tra privati secondo me muoversi è più agevole. Perché dall'altra parte c'è uno come voi. E secondo me la chiave di volta della gestione di questi rischi è proprio questa. Capite con chi avete a che fare prima di averci a che fare. Informatevi, sulla base degli strumenti disponibili, raccogliete delle referenze da fonti credibili e poi cominciate ad averci a che fare. Se ne avete la possibilità, con un coinvolgimento graduale, che vi limiterà ulteriormente il profilo di rischio. Facendo così, è raro che vi troviate a gestire molti problemi di natura civilistica.

Come accennato anche su altri fronti, è poi importante evitare di sporgere troppo il fianco. Ossia, anche questi rischi vanno frazionati, per numero e per ammontare. Concentrare la vostra esposizione non è mai salutare. Per esempio, se dovete concedere delle garanzie, diciamo in situazioni dove poi ci potrebbero essere dei dubbi interpretativi, con le relative conseguenze legali, è meglio se non vi troviate a garantire poche cose, per molti soldi, magari tutte con una certa probabilità di finire male (è spesso così quando gli eventi sono pochi, invece che tanti; perché quando sono tanti vanno male molto meno, perché se no non ce ne sarebbero così tanti).

In tutto questo, su entrambe i fronti (leggi e contratti), come abbiamo già visto non sarete indipendenti. Se avete la dimensione sufficiente, costruitevi una struttura interna (ossia, nominate un responsabile della funzione legale). Costa meno, è più veloce (perché non gli dovete spiegare tutto da capo) e voi siete il suo diretto superiore.

Avrete sempre bisogno anche di professionisti esterni. Costruitevi un portafoglio di esperti sui vari temi, prima che il rischio si materializzi, da coinvolgere di volta in volta. Non spendete troppi soldi, che spesso il lusso non vi ripaga. La media qualità è molte volte molto simile all'alta qualità; con il vantaggio che costa un quarto e a volte è più pronta (dato che è probabile che per loro voi siate un cliente molto importante).

Le garanzie sopra la linea

Sinora abbiamo trattato degli eventi straordinari (più di nome che di fatto). Diciamo quelli che comunemente stanno sotto e non sopra il reddito operativo.

La verità è che la società corre anche dei rischi legati all'andamento e alla dinamica dei ricavi e dei costi che è importante non sottovalutare.

Il caso più semplice è naturalmente legato al ciclo economico e/o alle dinamiche competitive. Un anno si vende di più, un altro anno si vende di meno. Ma anche cose un po' meno ovvie, come la perdita di un cliente importante per le mille ragioni di questo mondo. O altre cose del genere.

Cosa fare per non vedere il proprio reddito scendere in modo incontrollato?

Poche cose, molto semplici, spesso fattibili.

La prima è legare il più possibile i costi ai ricavi. Se i ricavi scendono e i costi lì rimangono, tutta voi l'avete pagata. Se invece siete in grado di mantenere un minimo di sincronia tra le due grandezze siete già un passo avanti. E, ahimè, questo vuol soprattutto dire avere un po' di flessibilità sul lato del personale. Ovverosia, non create le condizioni tali per cui i vostri dipendenti siano tutti a tempo indeterminato con contratti inossidabili per i prossimi vent'anni. Createvi le libertà, attraverso le forme contrattuali che la normativa locale prevede, di ridurre la forza lavoro in modo abbastanza rapido se così è reso necessario dagli eventi che riguardano i ricavi. Ossia, non utilizzate risorse strutturali interne per affrontare i picchi di produzione e di attività. In questo caso fate invece leva su risorse che hanno connaturata la flessibilità.

Su altri fronti, esternalizzate le attività non chiave, costruendo dei rapporti contrattuali legati ai volumi e non a remunerazione fissa. E infine evitate di costruirvi un magazzino enorme di prodotti finiti e semilavorati. Le ricette del buon padre di famiglia.

Così facendo, scenderanno i ricavi, ma scenderanno anche i costi e la situazione sarà più facile da affrontare.

La seconda azione da considerare è, guarda caso, evitare un'altra volta il rischio concentrazione, sia sui ricavi, sia sui costi.

Che vuol dire, dal punto di vista dei ricavi, avere un portafoglio clienti frazionato. Ne abbiamo già parlato prima per i risvolti sul credito e sugli altri aspetti. Ma è vero anche dal punto di vista delle vendite. Va da sé che è meglio una società con 1000 clienti, nessuno dei quali vitale per le sorti dell'azienda, rispetto a una società con 3 clienti che se uno vi abbandona andate in perdita. Sia per gli impatti sui volumi, sia sui prezzi. Dato che se un vostro cliente sa che voi dipendete da loro, molto probabilmente gli verrà la tentazione di chiedervi degli sconti esagerati.

E altrettanto, non legate eccessivamente i vostri ricavi a poche persone. L'abbiamo già detto. E' il classico caso dei venditori che "hanno in mano" i clienti. Spesso succede quando tra i due si instaura un rapporto fiduciario. A quel punto i clienti non sono clienti dell'azienda, ma clienti del venditore. Ove possibile, come già detto, frazionate le responsabilità ed evitate di accentrare troppe funzioni e troppo peso in individui che potrebbero diventare irrinunciabili. Dato che, appena se ne rendono conto, verranno a farvi due chiacchiere sul loro stipendio e sul loro ruolo (a meno che non se ne siano già andati da un concorrente, che li paga meglio, sfortunatamente portandosi via i vostri migliori clienti).

Dal punto di vista dei costi, altrettanto, bisogna cercare il ragionevole frazionamento dei fornitori. Mi sembra che alla Toyota dicano: "mai meno di due, mai più di due". Sia per questioni di sicurezza dell'approvvigionamento, sia per essere sicuri di non dipendere troppo da nessuno. Perché se non fate così, purtroppo, quando ne avete veramente bisogno, siete costretti a tirare fuori troppi soldi.

Con questi accorgimenti, avrete un conto economico più solido, non solo tutelato dagli eventi straordinari molto visibili, ma anche dalle insidie che possono congenitamente nascondersi nella vostra attività operativa.

Due note di colore finali sui rischi

La prima è che i rischi spesso sono un paradosso. Ovvero, nella gestione dei rischi a volte bisogna ragionare al contrario.

Il caso più semplice è il credito. Diverse volte chi deve soldi non è una persona a modo. Se non vi ha pagato, magari è perché il cielo gli/le è caduto sulla testa, ma magari è perché ha preferito tenerseli lui/lei.

E allora le tattiche normali di gestione della clientela (per favore, mi ridai i soldi) non funzionano molto. Mi ricordo che mi hanno riferito il caso di un cliente, mi sembra un'emittente di carte di credito, che in un processo di recupero crediti avesse modificato le modalità operative, insoddisfatto delle percentuali di incasso. In sostanza, quando una rata andava insoluta, invece che fare una telefonata insistente per ottenere il pagamento, questa società si era convertita alla piacevolezza. Ne andava anche della sua immagine. Il debitore, notando un cambiamento di atteggiamento, invece che diventare più solerte nella restituzione dei soldi, ne aveva approfittato per pagare ancora più in ritardo. Questo esempio secondo me è a sostegno della tesi che spesso bisogna ragionare all'incontrario. Normalmente vi verrebbe da comportarvi gentilmente, ma se lo fate con le persone sbagliate, siete voi a soffrirne (anche se era con le stesse che fino a due settimane prima gentile lo eravate, dato che erano i vostri clienti).

Stessa cosa con le persone che vi creano problemi, soprattutto quando controllano risorse importanti dell'azienda. Più le assecondate, perché siete disposto al compromesso, perché la negoziazione è parte fondamentale dell'arte gestionale, più loro ne approfitteranno per chiedervi altre cose. E quante ne abbiamo viste. Anche in questo caso bisogna ragionare all'incontrario. Bisogna fare le persone "a modo" fino a che la gente non inizia a procurarvi dei danni. Da quel momento in poi, ed è importante nella gestione dei rischi, cambiate personalità e sfoderate il poliziotto che c'è in voi.

Mi sembra che lo dicesse un Presidente americano, Theodore Roosevelt (ma forse anche Charlie Brown): "parla piano e vai in giro armato".

Fino a quando attorno a voi c'è la ragionevolezza parlate piano. Dopodiché tirate fuori il "bastone" perché se no saranno gli altri a usarlo con voi.

La seconda nota di colore è sull'eterno dilemma tra gestione dei rischi e successo commerciale. Ossia, quando vi dovete fermare di spingere? Quando quel cliente in più diventa potenzialmente un danno? Quando quell'espansione distributiva diventa eccessiva? Non solo per il fatto che la crescita porta con sé costi, investimenti e altro. Ma perché più fronti avete aperti, più sarà probabile che uno degli eventi che abbiamo descritto in questo capitolo si materializzi.

Il proverbio dice: le disgrazie non arrivano mai da sole. Io ci credo abbastanza. Non per scaramanzia. Ma arrivano in gruppo perché uno ha creato le condizioni perché arrivino in gruppo. Ossia, ha perso così tanto le redini della situazione che l'insieme dei sistemi gestionali e di controllo è saltato, non facendo che succedere gli eventi che provava ad evitare. Quando crescete troppo in fretta e dedicate l'1% del vostro tempo a ciascun argomento, su nessun argomento siete veramente focalizzati: le cose che potranno andare male lo faranno assieme e in maniera spontanea.

Quindi, anche nei percorsi di crescita, ci vuole un certo equilibrio. Lo so, è difficile dire di no, ma se ogni tanto non lo fate, poi qualcuno se la prenderà con voi. Quindi, ad esempio, se aprite una nuova attività, selezionate con cura le vostre persone. Dedicate loro il tempo che è necessario perché entrino nel ruolo. Costruite i vari sistemi aziendali pezzo per pezzo. Evitate invece di lanciare l'attività e dopo poco tempo passare all'iniziativa successiva. Che non vuol dire essere poco aggressivi. Tutt'altro. Vuol dire evitare che l'effetto inebriante del successo commerciale si trasformi nei mesi e negli anni successivi in dolori peggiori.

Sintesi

Non piacciono a nessuno, ma ve ne dovete occupare. Perché anche se pensate che a voi andrà bene, la vera verità è che prima o poi un danno lo subirete anche voi.

E siccome non sono cose che generalmente vi aspettate, possono disturbare in modo serio la normale conduzione dell'azienda e purtroppo a volte portarla a subire delle conseguenze molto gravi (se non gestite).

Tanto per essere noiosi, è importante chiarire chi si occupa dei rischi: valutate quali categorie si applicano alla vostra realtà e poi assegnatene la relativa gestione ai vostri colleghi.

Ma quali sono i rischi? Sono principalmente di credito, frode, operativi e legali.

Quelli di credito si gestiscono con il frazionamento dell'esposizione e la metodicità del processo di recupero.

Quelli di frode si gestiscono centralizzando i pagamenti (ossia su di voi) e lasciando poca cassa contante in giro per l'azienda. Poi, non accentrate troppe responsabilità su individui singoli e fate fare controlli a tutto spiano da un terzo che di lavoro fa l'ispettore. Infine mettetevi nei panni di un ladro e ragionate su cosa potreste fare per rubare soldi alla vostra azienda (così potete prevenirlo).

Quelli operativi si gestiscono creando ridondanza all'interno del sistema e curando la sicurezza sul lavoro.

Quelli legali si gestiscono sviluppando un punto di vista personale sulle aree grigie (sulle aree non grigie non ci sono considerazioni da fare: o si può fare o non si può fare) e valutando le conclusioni a cui si è arrivati con le possibili implicazioni di natura normativa (alla fine assumendosi rischi limitati e mai eccessivi). Però, senza avere troppa paura, dato che se fate le cose bene buona parte delle volte avrete ragione voi. I rapporti privati si gestiscono con una buona selezione a monte dei propri interlocutori.

Al termine di tutto questo, alcune garanzie di business (frazionamento del portafoglio clienti, struttura di costo flessibile, limitata dipendenza da singoli colleghi) renderanno la vostra azienda ancora più solida.

Il tutto condito da un approccio generale equilibrato, che non sacrifichi la gestione dei rischi per la ricerca spasmodica della crescita e dei risultati di breve periodo.

L'AZIENDA E' UN CONTO ECONOMICO - I RICAVI

Poche quantità e molti soldi, la vendetta

Fino a pochi paragrafi fa ho tessuto le lodi delle grandezze economiche a scapito di quelle operative.

Adesso lo rifaccio!

Le persone che vi circondano passeranno la vita a parlarvi del contrario, ma voi dovete resistere.

Fino ai due capitoli precedenti era più difficile confondervi. In fondo il costo del personale è il costo del personale, il costo della cancelleria è il costo della cancelleria. Anche per un vostro collega malizioso è più difficile sostenere di avere fatto un lavoro eccellente perché ha comprato 100 matite in meno, senza aggiungere a ruota l'elemento monetario. Perché poi la domanda seguente viene molto naturale: quanto ci costa? Quanto abbiamo risparmiato?

Sui ricavi è più sottile. Perché anche a voi piacerà sentirvi dire che abbiamo venduto 100 macchine o 10 torni in più del mese scorso e allora godiamoci questa bella notizia senza porci altri interrogativi. Ossia, vi verrà meno spontaneo chiedervi: ma ci abbiamo guadagnato? Ma quanti soldi ci siamo portati a casa?

Ma dovete rassegnarvi a farlo (di fare la domanda dopo). Perché se non lo fate dopo un po' tutta l'azienda non sarà nient'altro che un grande frullatore, con importanti diseconomie e sprechi (se va bene), oppure in perdita (se va male).

E quante se ne sono viste. Mi hai chiesto di vendere 1000 pezzi? Tac, 1000 pezzi venduti. Ho dovuto fare un po' di sconto, ma se devo vendere 1000 pezzi quello è il costo da pagare. Volevi 100 milioni di euro di mutui erogati? Tac, 100 milioni erogati. Peccato che poi qualcuno abbia deciso di non ripagare il finanziamento, ma che ci vuoi fare, se vuoi l'erogato devi accettare un po' di perdite sui crediti.

A me i frullatori non piacciono. Invece che entrare in ufficio la mattina e ragionare su come migliorare il reddito dell'azienda, la gente si siede con l'intento di far vedere che produce qualcosa. Ma non qualcosa di rilevante, qualsiasi cosa!

Peccato che "qualsiasi cosa" non serva a pagare l'affitto, i salari e una decente remunerazione del capitale.

Per uscire dall'inghippo, con i vostri colleghi, per l'ennesima volta, dovrete parlare di soldi. Poi fatevi anche raccontare che le 100 macchine le abbiamo vendute, ma prima di tutto fatevi spiegare quanto fatturato avete portato a casa.

E da lì partite ogni volta. Nelle occasioni sistematiche che avete a disposizione (ne abbiamo già parlato) e nelle conversazioni occasionali. I colleghi devono metabolizzare che il successo si misura nello stesso modo in cui si misura a casa propria. Se hai i soldi sul conto, il successo l'hai ottenuto, se sul conto i soldi non ci sono, purtroppo, abbiamo fatto un lavoro di scarsissima qualità.

Bisogna avere pazienza, voi dovete avere pazienza. E calmare i vostri istinti primordiali: i volumi si guardano dopo il fatturato, non prima.

Di paradossi ne abbiamo già parlato precedentemente. Ma anche qua cito un esempio.

Mi ricordo un esperimento che ci fecero fare all'università. La classe era stata trasformata per l'occasione in un mercato, fatto di produttori, distributori, clienti. Ognuno aveva il suo obiettivo. Qualcuno degli attori aveva obiettivi legati alle quantità invece che al reddito. Ebbene, alla fine dell'esperimento nessuno di quelli che rientravano in questa categoria aveva generato un risultato positivo ed erano tutti falliti perché non avevano più soldi. C'erano dei produttori che pagavano dei distributori per vendere loro la merce (invece che il contrario). E c'erano pure dei distributori che pagavano i clienti con lo stesso intento (pure questo dovrebbe essere il contrario). L'unica eccezione, quelle parti (produttori e distributori) che avevano disatteso il loro obiettivo di volumi ed erano rimasti fermi. Si guadagnava di più a non lavorare che a lavorare. E' strano, ma se attorno a voi ci sono delle persone poco sensate (e non ce ne sono necessariamente poche), evitate di farlo pure voi e farvi trascinare nel baratro.

Peggio che peggio quando il dato diventa confrontabile. Tipo, la quota di mercato (naturalmente in pezzi e non in soldi). O la classifica (pure quella in pezzi). La gente si farà prendere dall'isteria collettiva e vorrà avere la quota di mercato più alta degli altri. O essere in cima alla classifica. Così vinciamo. Un tubo. Perché spesso, se non c'è un controllo ferreo sulla leva prezzo, così si perde. Non c'entra molto con la media azienda, ma mi ricordo nel mondo bancario discussioni continue sulla banca con più sportelli. E c'erano degli operatori che quello avevano in testa. Perché quello era ciò che leggevano sui giornali. E quelli erano i commenti che si facevano nei corridoi che contavano. Sono passati molti anni, ma senza fare nomi diversi di quelli che così ragionavano sono in una situazione meno florida di quanto avrebbero voluto, a volte povere prede di società più piccole, ma capaci di riflessioni più razionali.

Quindi, la prima e più importante ricetta per lavorare bene sui ricavi è parlare di ricavi.

Non so se per questa affermazione anche in questo caso mi meriterò il premio Nobel, ma vi posso assicurare che c'è molta saggezza dietro questa nozione. Per la semplice ragione che ci sono molte realtà che in questo modo non ragionano.

Esiste, è vero, un inconveniente. I ricavi sono a volte più lenti o più complessi da contare. Per non parlare del fatto che sono proprio veri solo dopo che vi hanno pagato.

Nel frattempo, voi il ritmo lo dovete dare e se le alternative non esistono ai volumi vi dovete rassegnare.

Ma se possibile, limitatevi all'osservazione dei volumi per capire se ci sono dei problemi (oggi i volumi sono troppo bassi, siamo sicuri che tutto funzioni bene?) ovvero per dare qualche pacca sulla spalla alle persone che vi stanno attorno (bel risultato oggi!).

E va benissimo farlo a una frequenza ben superiore rispetto a quella con cui riuscite a tenere i ricavi sotto controllo. So, ad esempio, di realtà che guardano i volumi "on-line".

Ma non prendete decisioni o assumete orientamenti gestionali con davanti una tabella che parla solo di volumi. Fatelo solo se la prima riga dice "ricavi".

La madre di tutti i budget e di tutti i report di controllo

Dopo avere stabilito il linguaggio comune corretto, vale la pena ribadire i concetti di cui abbiamo parlato nei capitoli precedenti.

Ovvero che qualcuno deve sentirsi responsabile (perché glielo dite voi) di questa grandezza, che il fenomeno deve essere guardato (con della reportistica disegnata bene e tempestiva), che le persone che ne sono responsabili debbono sapere di essere osservate (perché voi usate i report di cui sopra per discutere la loro performance).

E' inutile ripetersi ulteriormente, abbiamo detto che dei concetti chiave ne abbiamo già trattato.

Se devo dire una peculiarità della materia è che i ricavi, direttamente se si può, indirettamente attraverso il surrogato dei volumi se non si può, si prestano molto meglio dei costi e dei rischi a essere tenuti sotto controllo su base continuativa.

Ci sono alcune aziende che vendono pochi pezzi nel corso dell'anno, ma ce ne sono tante altre dove invece il collocamento dei prodotti è continuo.

Cosa meno vera per i costi (dopo che avete assunto una persona e lo avete inquadrato contrattualmente, poco altro potete fare per tenere il suo effetto economico sotto controllo) e per i rischi (spero per voi che gli effetti che subite siano sporadici).

In questo caso attraverso della reportistica dedicata potete invece avere il binocolo puntato continuamente, o quasi.

E che bellezza.

Così potrete tenere il giusto livello di fiato sul collo dei vostri colleghi. Invece che una volta al mese quando esce il conto economico complessivo (magari con 20 giorni di ritardo rispetto alla fine del periodo), il giorno dopo che gli eventi sono successi.

Avendo a disposizione l'analiticità che serve, come ho appena finito di dire, partendo dai ricavi e poi disaggregando il fenomeno in modo significativo (senza perdersi troppo in dettagli poco interessanti), ma mettendo comunque a fuoco anche le quantità e i prezzi.

Se riuscite, associando il tutto a un budget fatto bene, che unisce il vostro fiato (quindi la pressione personale) alla legge della pianificazione ("sono i numeri che dicono che stai sovra o sotto producendo"). Fatto bene vuol dire declinarlo a sufficienza per evidenziare i fenomeni che magari a livello trimestrale e oltre non sono visibili, mentre a livello mensile, settimanale e giornaliero cominciano ad avere una certa significatività. E se non volete perdervi in questi dettagli, paragonatevi con l'anno scorso, che comunque è un parametro di confronto significativo e di sicuro dà ai colleghi la sensazione se il lavoro di quest'anno viene fatto meglio o peggio del periodo passato.

Il tutto condito dalle chicche del caso, di nuovo possibili perché i ricavi sono spesso una grandezza molto più facile da gestire e da comunicare rispetto agli altri elementi del conto economico.

Ad esempio, costruendo delle classifiche, dove fate vedere al singolo in che posizione è rispetto alla popolazione complessiva. Sono potentissime. Ho lavorato con un'azienda abbastanza grande dove le strutture distributive territoriali erano gestite da signori di mezza età che conducevano una vita abbastanza tranquilla. Ce ne erano circa 10 e ciascuna di queste persone aveva sotto di sé un gruppo abbastanza nutrito di commerciali. Quando facevano le cene parlavano di vacanze, di scuole dei figli e di buon vino. Nulla di male, ma non proprio una manifestazione di fuoco sacro.

Il mio sforzo era una banale campagna di promozione di un prodotto nuovo. E in effetti le novità non erano moltissime. Se non che su base giornaliera venivano distribuite le classifiche di vendita dove ognuno vedeva come era messo rispetto ai suoi colleghi. Un effetto fenomenale. Un giorno mi è capitato di passare in mezzo a loro (stavano partecipando ad un evento aziendale) e tutti avevano in mano il foglietto della classifica. E tutti volevano sapere com'era messo rispetto a loro il collega A o il collega B.

In quell'occasione i ricavi ne beneficiarono in modo abbastanza interessante.

Oppure dando al vertice aziendale lo strumento per parlare non solo con le persone della prima linea, con cui ha una certa consuetudine, ma con tanti altri colleghi nella loro organizzazione (ovviamente quelli che generano ricavi).

In un'esperienza analoga, in un'azienda con qualche centinaio di venditori, mi ricordo che ogni giorno preparavamo la lista dei cinque migliori e dei due peggiori del giorno prima (sempre per quanto riguarda le vendite). Portavamo la lista dall'amministratore delegato con scritto a fianco i numeri di telefono da chiamare. E lui, diligentemente, chiamava un po' di persone con cui non aveva mai scambiato due chiacchiere, neanche al bar e si metteva, invece, a parlare di business. Complimentandosi con chi aveva fatto bene e, diciamo, cercando di capire come mai chi non aveva fatto bene aveva generato quel risultato. La combinazione del sentirsi osservato, spesso interpretata in senso altamente positivo (il capo ci tiene a quello che faccio), unita alla possibilità di veder riconosciuto dal vertice aziendale il contributo dato all'azienda produsse risultati strabilianti.

Ecco, queste sono cose che possono essere fatte soprattutto con i ricavi.

Come citato in altre occasioni, il tutto con un certo equilibrio.

Mentre è più che sano che cerchiate di migliorare i risultati della vostra azienda e l'utilizzo dei sistemi e della tattiche appena illustrate io lo trovo pienamente legittimo, non volete neanche creare le condizioni per cui i messaggi che passino siano quelli sbagliati.

Quindi, per esempio, evitate di lanciarvi in un "se non recuperi quel cliente ti trasferisco in periferia" perché se no creerete dei comportamenti distorsivi, che invece che farvi trarre il beneficio di tattiche gestionali ben pensate, faranno sì che i vostri colleghi siano disposti a vendere delle macchine di lusso a dei criminali che le comprano con i soldi della loro attività illecita (cosa che bisognerebbe evitare) pur di non sentire i vostri continui rimproveri a lamento dei loro scarsi risultati.

Dirò una banalità: costruite una forza vendita importante e di qualità

Dice: il fatturato non aumenta. Ma hai esteso l'orario di apertura? Tieni aperto il sabato? Hai aperto cinque punti vendita in più? Hai introdotto 10 nuovi commerciali?

No!

Ma allora di che ti lamenti?

Sembrerà strano, ma ogni tanto succede.

Volete aumentare i ricavi? Se siete come la stragrande maggioranza delle aziende di questo mondo, che non producono il prodotto o il servizio per cui la gente sta in coda due giorni prima del suo lancio davanti al negozio, allora aumentate la potenza di fuoco e non lamentatevi.

Perché c'è qualcuno che si lamenta e si aspetta che i ricavi, data la singola unità produttiva (i venditori, il negozio, ...), aumentino all'infinito.

Ahimè, non è così.

In buona parte dei casi la gente compra se glielo mettete lì da comprare, non perché siete carini e vi viene a cercare.

E' vero che in molti casi si vende a uno che è già convinto di comprare. Ma sempre lì, pronta, la merce bisogna averla. Perché se no, invece che comprare la vostra, comprerà quella di qualcun altro che lo scaffale glielo ha messo a disposizione.

In sostanza vuol dire: investite nella vostra struttura distributiva.

Ma visto che dal punto di vista di contatto fisico diretto con il consumatore finale, oramai la grande distribuzione e le grandi catene al dettaglio organizzate (come le aziende in franchising) la fanno da padrone, la vera verità è che nella maggioranza dei casi per voi (che gestite una azienda media) si tratterà di mettere in piedi una forza vendita di qualità che va a vendere ad altre aziende (produttori di cui siete fornitori o distributori a cui vendere la merce da collocare al consumatore finale).

E allora lì si devono concentrare i vostri sforzi. Ossia dovete essere sicuri di avere a disposizione un gruppo importante, crescente in dimensione e di buona qualità di persone che collocano il vostro prodotto.

Al riguardo ho un paio di suggerimenti. Il primo è di presidiare sempre il mercato del lavoro. Che vuol dire costruire i sistemi tali per cui si ha sempre il polso della situazione e si continuano a inserire risorse di qualità. La tecnologia oggi lo permette con una certa facilità. E quindi non c'è ragione per non avere continuamente esposti annunci di ricerca di personale, che vi metteranno a contatto continuo con chi sul territorio fa il lavoro di cui stiamo parlando. Intervistate continuamente candidati. Mal che vada avrete costruito un database di curriculum di una certa importanza. Ben che vada avrete trovato delle persone da inserire e che rafforzeranno la vostra azienda.

Il secondo è che per vendere bisogna correre. Da seduti si vende abbastanza poco. E allora vi dovete rassegnare ad adottare degli schemi remunerativi, che magari possono essere anche abbastanza costosi visto il rischio economico per il singolo venditore, dove la gente ha bisogno di correre per mangiare. Perché se non devo correre e mangio lo stesso, mi trasformo da collocatore di prodotti in ispettore gastronomico (ossia porto i miei clienti nei migliori ristoranti della piazza, ma poi non li convinco a comprare niente). Un fisso basso e poi tanti incentivi a fronte del venduto. L'inquadramento contrattuale dipenderà dalle giurisdizioni (a volte è più opportuno assumere le persone, altre volte è meglio tenerle come autonomi, dipende da molte variabili che qua non abbiamo l'opportunità di approfondire).

Sembra tutto un po' fragile, ma è il percorso che vi permette di crescere. Ammetto, infatti, che sia un po' più rischioso e meno stabile da un punto di vista organizzativo (gente che va e viene, e cose di questo genere), ma alla fine mettendo tutto nel calderone penso ancora che sia la soluzione migliore.

Quando non dovete farlo? Quando pensate che i vostri commerciali lasciati liberi facciano troppa confusione senza che voi abbiate un'adeguata capacità di controllo. L'abbiamo detto prima, comunque non va bene vendere tutto a tutti. Bisogna stare attenti. Se vendete caramelle penso che i danni potenziali siano limitati. Se vendete munizioni la questione è un po' diversa. O altri fenomeni poco gradevoli. E' chiaro che uno adotta un modello organizzativo se è in grado di controllarne l'operato. Se non è in grado, il modello di cui sopra non va bene (e quindi è più opportuno avere delle persone che ricavano meno dalla parte variabile). Penso, però, che nella maggioranza dei casi non ci siano problemi (visto che fortunatamente a questo mondo ci sono più caramelle che munizioni).

Altra ragione per non farlo è quando volete avere un controllo totale dell'operato delle vostre persone, non tanto per una questione di rischi simili a quelli citati, ma per un tema di opportunità e/o rischi di natura economica. Se li lascio fare mi portano a casa clienti che non mi interessano. Magari importanti sui volumi, ma poco puntuali nei pagamenti. O cose di questo genere. Anche in questo caso, dimenticatevi il modello che ho descritto sopra e ripiegate su soluzioni diverse.

Indipendentemente dal tema organizzativo, rimane comunque la questione di fondo. Poche cose si vendono da sole. E quindi bisogna dotarsi di una potenza di fuoco adeguata. E se non è grande a sufficienza, qualcun altro, con un esercito più grande del vostro vi batterà.

La cartina al tornasole? Se la vostra azienda ha 200 dipendenti, 25 persone in contabilità e 3 nel commerciale, state sicuri che avete un problema.

A fare gli sconti prima o poi si fallisce

Un detto recita che negli Stati Uniti, nel corso del tempo, ci sono stati 3.000 produttori di automobili. Ne sono rimasti pochi (unità). Tutti gli altri sono falliti. Perché? Perché competevano sul prezzo.

E' un aneddoto. Che sia vero, scientificamente provato o altro, non lo so.

Ma sono completamente d'accordo sul punto.

Fornite un valore al vostro cliente, ma fatevi pagare. Perché se non vi fate pagare vi ritroverete (caso già visto) nello scenario del tanto rumore per nulla. Costi mostruosi, complessità infinità, vostra capacità di dominare questa massa di volumi molto limitata. Tutto per portarsi a casa il 2% di guadagno? Allora facevo un altro mestiere e andavo a casa prima che più o meno guadagnavo lo stesso.

Purtroppo i margini bisogna proteggerli. Vendere le cose a gratis non serve a nessuno. E vi dovete convincere che voi non siete un professionista migliore perché avete piazzato volumi importanti di merce a margini nulli. Al contrario.

Come si fanno a proteggere i margini? Prima di tutto bisogna crederci. E non è facile crederci. Come non è facile rinunciare a quella vendita sotto-costo. Ma é un bruttissimo vizio. E se è un vostro vizio, lo é anche dei vostri colleghi. Bisogna, invece, essere profondamente convinti che è possibile non arrivare al punto da essere strozzati dai clienti. I clienti sono disponibili a riconoscere un valore, basta che siano in grado di capire perché pagano. E nella stragrande maggioranza dei casi è così. Di gente che non ha assolutamente la facoltà di scelta ed è costretta ad accontentarsi solo e unicamente del minimo comun denominatore non ce n'è tanta. E se non ce n'è tanta perché bisogna appiattirsi su una strategia che non è necessaria per loro e provoca danni a voi?

Non è facile e, come spesso succede, tutto parte da voi. Dare il buon esempio in quest'area è fondamentale. Se qualcosa in merito dipende direttamente da voi fate vedere che non sbracate. Perché se sbracate voi, che vuol dire che non credete nel farvi pagare una giusta remunerazione, figuratevi cosa faranno tutti gli altri.

Abbiamo poi detto che al cliente bisogna dare un valore. Perché "crederci" e poi vendere fuffa è una strategia di corto respiro. E allora concentratevi sulle cose per cui il cliente è disposto a pagare. E lavorate su quelle. Avete pure la fortuna che non tutto ruota attorno al contenuto intrinseco del prodotto o del servizio, cose magari un po' più difficili da modificare, quanto spesso sugli elementi di contorno. Non voglio cadere nel banale, ma non è per caso vero che molte cose si comprano perché il venditore è più gentile? Mi ricordo un direttore generale (con una certa istruzione) che scelse un consulente su una determinata materia tecnica perché rispondeva al telefono (mentre gli altri non lo facevano)! E allora figuratevi su quanti aspetti si può lavorare per farsi apprezzare dal cliente.

A corollario di tutto questo non è male spiegare al cliente stesso che siete più bravi. Ci sono persone che vivono nell'illusione che il mercato sia perfetto, che l'informazione circoli in modo libero e che tutti conoscano tutto. Fantasie. Il mondo è altamente imperfetto. E se avete un prodotto superiore dove sta scritto che tutti lo sanno? E allora raccontateglielo. Perché se no vi troverete nella situazione cornuta di avere speso di più per avere qualcosa di superiore da vendere, ma siete costretto a farvelo pagare come la merce più scarsa dato che il cliente non apprezza la differenza.

Per arrivare al caso dove è anche accettabile spiegare al cliente perché è opportuno pagare di più. Mi hanno raccontato una gara al ribasso dove la strategia del ribassista era di prendere il contratto e poi non promuoverlo. Il cliente (pollo) pensava di avere fatto un bell'affare, ma in effetti si era portato solo a casa un fornitore poco intenzionato a vendere (dato che se avesse venduto in quel modo avrebbe perso soldi). La vera intenzione era di evitare l'accesso a quel cliente ad altri fornitori e il trucco era vincere l'asta al ribasso. Peccato che avesse ottenuto la condizione di avere un contratto pluriennale (dato che aveva fatto uno sconto così clamoroso). Escludendo così la possibilità che la gara potesse essere riaperta e i concorrenti rientrare in gioco l'anno successivo. In quella circostanza sarebbe stato opportuno provare a spiegare al proprio interlocutore il problema in questi termini. Nessuno lo fece e tutti gli altri ne persero (incluso il cliente).

Ultimo accorgimento è curare i processi di determinazione del prezzo in modo rigoroso. Che vuol dire, non delegare niente o il meno possibile. Ce ne saranno altri, ma questo mi sembra il più importante. Mettete la gente (i vostri colleghi) nella condizione di dovere venire da voi a chiedere se può fare lo sconto al cliente. Così li potete guardare negli occhi mentre si avvitano in argomentazioni generalmente non molto sensate (cosa che comunque vi permetterà di dire loro di no). Alla fine pochissimi verranno da voi e la vostra struttura di prezzo rimarrà semi integra. Al contrario, se delegate la determinazione del prezzo alla front-line potete avere la ragionevole certezza che i prezzi praticati al cliente scenderanno in modo importante.

Qualche accorgimento finale

Per concludere, qualche perla di saggezza in ordine sparso. Più qualche ragionamento tattico.

Il primo banale è che il primo segreto di qualsiasi relazione commerciale è la parola. In fondo ne abbiamo già parlato prima, quando dicevamo della forza vendita (che però non è l'unico momento di contatto con l'azienda). I clienti hanno bisogno di qualcuno con cui parlare. E' difficile vendere e/o mantenere nel tempo una relazione con il silenzio. Sì, ci sarà qualche azienda che per le sue caratteristiche estremamente peculiari non ne ha necessità. Qualcuno che magari ha una posizione così forte da rendere inutile il contatto. Perché tanto i clienti vengono lo stesso e tanto quelli che non vengono o se ne vanno non ci fanno un gran danno. Ma quanti di noi se lo possono permettere? Secondo me, pochissimi. Mentre è molto probabile che nella stragrande maggioranza dei casi la possibilità di parlare con qualcuno (in modo più o meno proattivo, magari è comunque sempre il commerciale che mi viene a trovare) sia fondamentale. Nei vari modi. Naturalmente con la vostra struttura distributiva (diretta o indiretta), ma anche attraverso un call center o banalmente con un centralino di sede che risponde al telefono in modo efficace. Parlare con i clienti è fondamentale. I vostri compratori (siano essi finali o no) hanno facilità a entrare in contatto con voi e/o vengono sentiti su base regolare (sia dalla forza vendita, sia da altre funzioni)? Se la risposta è sì siete a posto, se no fatevi la domanda.

Una seconda considerazione è che i vostri clienti, soprattutto quelli ripetuti, ossia i non occasionali, spesso non vogliono la perfezione. Perché la perfezione costa un mucchio di soldi. Al contrario, sono disposti ad accettare un margine di errore. Quello che non sopportano è la variabilità. Ossia il fatto che un giorno funziona e un giorno non funziona. Le sorprese. I clienti fanno spesso il callo al difetto di base. Quello che odiano è comprare non sapendo se il difetto c'è o non c'è. Aspettare 1 minuto al telefono prima della risposta di una persona del call center non è un problema. Il problema è se un giorno il tempo di risposta è immediato, il giorno dopo è di 5 minuti e dopo due giorni è di nuovo basso. E che nervoso! Non si capisce niente! La gente odia il fenomeno che non conosce e ciò che non conosce di sicuro non lo apprezza. Anche se alla fine il risultato medio è superiore. E allora per gestire bene il cliente lavorate sulla stabilità della vostra prestazione, oltre che sul risultato della stessa.

Una terza e ultima considerazione è il ruolo che volete dare al marketing. Io personalmente non credo tanto sul suo livello di efficacia esogena. A parte pochi casi, il suo ruolo è, secondo me, soprattutto di supporto alle vendite. Ossia, é difficile per me dargli una connotazione autonoma di grande peso. Detto in altro modo, io lo vedo soprattutto come funzione che contribuisce a evitare il cattivo utilizzo della leva prezzi, creando parte delle condizioni perché questo non accada. Prima di tutto con una buona comunicazione, soprattutto a beneficio della forza vendita, mirata a spiegare il valore di quello che vendiamo e perché è ragionevole riconoscere alla vostra azienda tale valore. Sono invece più scettico sulle iniziative che hanno come obiettivo quello di sviluppare direttamente la domanda del vostro prodotto o servizio: come le promozioni dirette sul cliente e le campagne pubblicitarie sempre sul cliente finale. Boh. Si dice spesso che non è immediatamente evidente e/o scientificamente provabile che queste iniziative abbiano un impatto sui ricavi, e probabilmente c'è una ragione. In sostanza, ci saranno le eccezioni del caso, ma metterci troppe risorse non è detto che sia una decisione produttiva. Le promozioni sul trade invece sono a metà: non penso abbiano un'efficacia molto importante, ma sono una scusa per parlare personalmente con i vostri clienti (spesso il trade è il vostro vero cliente), e abbiamo già detto prima quanto sia importante comunicare continuamente con chi compra la vostra merce (o la fa comprare).

A parte queste considerazioni, devo però dire che un ruolo organizzativo importante il marketing ce l'ha. Ovvero, fa le pulci al commerciale (a meno che non commettiate l'errore madornale di mettere vendite e marketing sotto la stessa responsabilità). E' quello che vi viene a raccontare, naturalmente in modo malizioso, ma così va il mondo, che quello che vi ha detto il commerciale non è tutto vero. Perché siccome di lavoro il commerciale vende, allora generalmente prova a vendere anche a voi. Lasciandovi poi il compito di verificare se quello che aveva detto era proprio tutto vero. Non è proprio la cosa più bella che potevo dire, ma in alcune circostanze questa nota organizzativa può essere molto utile.

Sintesi

Se volete ottenere ricavi parlate di ricavi, se no vi porterete a casa delle quantità molto importanti, ma zero reddito.

Inoltre, lavorate bene sulla reportistica, dato che molti ricavi (o loro componenti) sono continuativi e bene si prestano a un controllo incessante.

Senza esercito non andate da nessuna parte. Ossia, costruite una forza vendita di dimensioni significative e di qualità. Altrimenti, non venderete molta merce.

Non lavorate sui prezzi. Se vi piace fare gli sconti, pur di piazzare un po' di merce, ragionate se quello che state facendo è il lavoro della vostra vita.

Infine, qualche tattica: date ai vostri clienti (veri) qualcuno con cui parlare, dategli stabilità oltre che performance assoluta e usate il marketing in modo selettivo invece che pervasivo.

SOTTO LA LINEA E LEVA FINANZIARIA

Un po' di leva serve sempre ma non esagerate

Sinora ci siamo occupati della parte operativa del conto economico. La gestione caratteristica e i rischi.

Ma sappiamo che spesso l'azienda non finisce lì e che anzi sotto la linea ci sono importanti elementi della struttura di reddito e che questi, a volte, hanno anche importanti risvolti patrimoniali.

Il primo tema da affrontare è ovviamente quello della leva finanziaria (diciamo nel caso che ci sia la possibilità di concorrere alla decisione del quanto e non si sia completamente costretti per esempio dall'andamento del ciclo economico; e altrettanto, nel caso dell'azienda tipica e non nei pochi casi dove comunque la liquidità aziendale è molto alta e quindi esiste molta più flessibilità in merito).

La teoria ci dice che la leva tutto sommato non è malaccio; dato il privilegio di rimborso rispetto al patrimonio degli azionisti e la quasi universale deducibilità fiscale degli interessi, un'azienda indebitata ha il potenziale per aumentare il ritorno a favore dei portatori di capitale proprio.

E' vero, ma io vorrei dare alla discussione una veste un po' più pratica.

La prima questione è che un eccesso di leva ferma l'azienda. La priorità numero uno diventa cosa fare per ripagare il sistema bancario. I clienti e i dipendenti e tutti gli altri passano in secondo piano. Peggio che peggio se il tutto è stato fatto apposta per aumentare in modo diciamo poco naturale il ritorno per gli azionisti (vedi alcuni LBO estremi). La struttura finanziaria dell'azienda diventa il veicolo di creazione di valore, mentre i meccanismi tradizionali (che sono di fare qualcosa di buono, di produrlo in modo efficiente e di farselo pagare in modo ragionevole) passano in secondo piano. Non sta a me dire se è giusto o se è sbagliato. Mi sembra solo squilibrato. Le aziende non sono fatte solo ed esclusivamente per pagare debiti (o perché sono costrette o perché è stata fatta una strutturazione finanziaria che comunque poi lì vi porta). Sono state create per fare molte altre cose. Diciamo più utili e più gratificanti per le varie persone e i vari attori coinvolti. E perdere di vista l'insieme degli obiettivi a favore di uno scopo solo (a cui peraltro si è "costretti" e dove molti dei vostri colleghi non possono dare quasi nessun contributo materiale e/o emotivo) non mi sembra una cosa sana nel lungo periodo. Può essere che gli azionisti di oggi ne traggano dei benefici interessanti, ma nel frattempo sono state rispettate le condizioni perché la produzione di reddito e di valore sia stata sana? Avete dato ai vostri colleghi un'opportunità di crescita professionale e ai vostri clienti quello che si meritano? Voi personalmente vi sentite professionalmente gratificato? Oppure vi siete svegliato ogni notte degli ultimi due anni chiedendovi se avete o no le risorse per pagare i creditori e i vostri colleghi altrettanto?

La seconda è che troppa leva non dà all'azienda la sicurezza che gli azionisti abbiano un comportamento sufficientemente dedicato alla vostra società. Se tutti i soldi ce li deve mettere qualcun altro allora vuol dire che a te non interessa e siccome tu sai più cose di me vuol dire che c'è qualcosa che non va. Ma se così è, invece che pensare a gestire bene l'azienda, perché non dovrei passare un buon pezzo della mia vita lavorativa a preoccuparmi di quello che mi potrebbe succedere? Diciamo in senso lato è una questione di serietà. Se sei serio ci devi mettere il chip. Se il chip ce lo deve mettere qualcun altro allora vuol dire che ci stai solo provando. E se ci stai provando tu, non è giusto che l'azienda ci vada di mezzo (con tutte le persone, clienti e dipendenti che ci sono attaccati). E un po' come quando si compra la casa. Se non ci metti il 10%/20% di capitale tuo allora io il mutuo non te lo dovrei dare (qualcuno si ricorda gli effetti catastrofici dell'eccesso di leva immobiliare nel 2007-2008 che hanno portato alla più grave crisi economica del dopoguerra?). Da determinati punti di vista non capisco perché non ci siano regole un po' più restrittive su questi temi, però così va il mondo.

Peraltro, la leva ha degli aspetti positivi interessanti.

Il primo è che aumenta la disciplina dell'azienda, come spesso aumenta la disciplina delle famiglie. Se so che ho la rata del mutuo da pagare sto un po' più attento a gestire le finanze di casa mia. E sto' un po' più attento a gestire l'azienda nel suo complesso. Non è facilissimo da farlo capire ai propri colleghi (che, poverini, con la struttura di capitale non hanno molto a che fare, dato che è una cosa più da vertice aziendale e azionisti) però un po' ci si può provare.

Il secondo è che lasciare troppa cassa in azienda comunque non è sano, per due ragioni. La prima è che l'opulenza crea spreco. Se so che qualche danno lo posso combinare tanto ho un mucchio di soldi degli azionisti da parte allora mi concedo qualche libertà in più e sto' un po' meno attento a curare l'efficienza della gestione. La seconda è che i soldi fanno gola (vedi capitolo precedente sul rischio frode) e averne troppi in giro può stimolare appetiti non sani.

E allora qual è la risposta? Indovinate un po'? Fate le cose in modo equilibrato. E' difficile dare dei parametri o delle formule precise. Non so se esistono e comunque questa non è la sede. Incrociate sempre le dita di essere in grado di pagare la prossima rata? Allora il debito è eccessivo. E' invece un'operazione che, pur seguita con attenzione, non vi crea forti ansie? Allora molto probabilmente la leva ha un livello più corretto. Ogni volta che pagate la rata la vostra posizione finanziaria netta inesorabilmente peggiora? Forse vale la pena rifletterci. Al contrario, subisce il colpo ma poi ricomincia a migliorare con la capacità di generazione di cassa dell'azienda? Allora potete stare un po' più tranquillo.

Voglio dire che le cose senza senso si vedono lontano un miglio. Non ci vuole nessun dottorato e nessun genio della finanza per scoprirle. E allora il mio suggerimento è di non farle e/o di chiedere ai vostri azionisti di non farle.

I rischi finanziari fateli gestire a chi lo fa per mestiere

Se voi non siete un operatore del settore finanziario i rischi finanziari non ce li dovete avere.

Perché?

Perché non siete capaci a gestirli.

Stiamo parlando di esposizioni di varia natura che, in funzione della variazione dei corsi finanziari (tassi di interessi, tassi di cambio, …) possono crearvi una conseguenza economica (è vero anche positiva ma chi può dirlo).

Il rischio più facile da intuire è quello legato all'esposizione valutaria. Perché esportate i vostri prodotti, fornite dei servizi all'estero e via dicendo. Non è spesso facile da quantificare perché magari avete entrate e uscite parallele e in diverse valute.

Non fa niente. Mettete qualcuno a fare 2 calcoli e fategli/le costruire la vostra esposizione netta per tipo di valuta e per scadenza temporale. Diciamo fino a quando avete visibilità sia sui ricavi, sia in parallelo sui costi. Non andate oltre (nel senso che magari sapete già i costi però i ricavi ancora no e allora aspettate a proteggervi oltre quell'orizzonte temporale). Farete un po' di ipotesi, vi verranno fuori delle stime, l'importante è che non siano mostruosamente sbagliate. Ovviamente, non andate troppo in là nel tempo (comunque possibilmente non oltre i sei mesi, dove già si entra nella quarta dimensione).

A quel punto avete mappato il vostro portafoglio di rischi valutari. Copritevi. Comprate quello che dovete comprare e riducete i rischi che avete in portafoglio. Perché di mestiere non fate il trader di valute e se vi trovate a bilancio delle poste significative in valute diverse dalla vostra allora invece il trader lo state facendo senza avere le competenze, i sistemi, i meccanismi di controllo. Ossia, non fate il lavoro che non siete in grado di svolgere ed evitate di portarvi a casa degli impegni che non siete in grado di tenere sotto controllo.

Come coprirvi? Anche qua preferisco ragionare con il buon senso piuttosto che con la metodologia precisa (ricordiamoci che siamo in una media azienda, non una multinazionale con una sala tesoreria). Prendete ogni combinazione valuta/scadenza e moltiplicatela per l'80% per le scadenze entro i 3 mesi e per il 60% per le scadenze tra i 3 e i 6 mesi. La non totale copertura serve anche a non sovra coprirsi, soprattutto quando avete esposizioni in più valute, che in molti casi si muoveranno in senso contrario l'una all'altra (nel tempo, potrete anche decidere di diminuire le percentuali, se avete visto che queste ipotesi iniziali erano troppo conservative). Magari accorpate le valute che si muovono assieme in una stessa classe (come quelle agganciate al dollaro statunitense) e ragionate sulla combinazione valuta/scadenza della classe nel suo complesso. Alla fine di questo esercizio avrete una matrice. Coprite le caselle della matrice.

Come lo fate da un punto di vista pratico? Ragionate sulla probabilità che quel flusso di cassa (quella casella della matrice) si materializzi, aggiungendo la considerazione che i rischi aumentano con il tempo (che vuol anche dire che le vostre previsioni diventano man mano più imprecise). Il tutto si tradurrà in un diverso utilizzo di strumenti di copertura. Indicativamente, per i rischi entro i 3 mesi, diciamo quelli su cui siete ragionevolmente certi e su cui avete capacità creditizia, prendete una posizione a termine. Per i rischi oltre quell'orizzonte compratevi delle opzioni; costano un po' di più ma hanno questo grandissimo vantaggio di essere asimmetriche. Se non vi servono le buttate via e arrivederci (e naturalmente la possibilità che le buttiate via aumenta con la diminuzione della vostra certezza sulle vostre previsioni). Ovviamente, se avete diversi livelli di certezza sulla vostra combinazione costi/ricavi modificate di conseguenza le ipotesi che ho appena illustrato.

Sui tassi di interesse secondo me è un po' più facile. Nel senso che prima di tutto stiamo parlando di finanziamenti oltre l'anno di vita, ossia quello che fate per comprarvi un macchinario o un capannone. Io qua andrei "piatto piatto" sul tasso fisso (naturalmente nella valuta dell'esborso dell'investimento). Come prima, voi non siete un trader. Se fate un finanziamento da 10 milioni di Euro, e non ragionate sul suo profilo di rischio, in effetti state assumendo una posizione non permessa a molti dei trader che lavorano presso gli operatori specializzati (peccato che loro lo facciano di mestiere e a fine sera chiudano la posizione, mentre voi il rischio ve lo teniate per tutti i 10 anni dell'investimento).

Detto questo, il profilo di rischio da che parte sta? Con il fisso o con il variabile? Secondo me con il variabile (spero non si siano inorriditi in molti). Perché voi non siete una banca che lavora contemporaneamente sui tassi su entrambi i lati del bilancio. Voi siete un'azienda che lavora in un mondo fatto di cose fisse. L'affitto è fisso. Il costo del personale è fisso. Ma allora perché la rata del mutuo deve essere variabile? E allora fissiamola.

Che vuole dire che, a meno che il tasso fisso non sia a livelli molto alti (dal 10% in su) fatevi questo tasso fisso e basta. Ma i tassi variabili sono al 2% ... Lo so ma i regali non si fanno per sempre e quindi io non ci scommetterei per 10 anni di fila.

E se avete fatto un finanziamento a tasso variabile, "swapatelo" in un fisso così vi trovate nella situazione di cui sopra.

I derivati in genere? Se rientrano nelle categorie appena citate bene. Se no stategli alla larga. Il mondo dovrebbe essere fatto che le aziende che di lavoro fanno un'altra cosa questi strumenti li dovrebbero usare solo per coprirsi (ossia per eliminare i rischi). I "book" di rischi, ovvero le posizioni nette non a scopo assicurativo, se li dovrebbero tenere quelli che di lavoro fanno la gestione di queste cose. Non gli altri. Ed è secondo me inutile parlare di facili guadagni se non ne siete capaci. Magari ci mettete lì solo poche decine di migliaia di Euro ma la verità è che non sapete cosa c'è sotto perché per 20 anni avete fatto un lavoro diverso. E quindi perché occuparsene?

La questione delle materie prime, infine, è più ostica. Dato che molte imprese di trasformazione possono avere in ogni momento un magazzino di materie prime e semilavorati abbastanza importante (nell'attesa che diventino prodotti finiti e possano essere venduti ai clienti e sperabilmente non da lasciare lì se no pure questo è un problema). Il valore netto di questo magazzino (ossia quello non ancora coperto da contratti di vendita dove il relativo prezzo lo avete già fissato), e con lui il conto economico, può fluttuare in modo significativo in funzione dei corsi di mercato.

Che fare? Tenere la posizione perché comunque è la vostra attività caratteristica, oppure coprirsi perché voi di lavoro fate qualcos'altro?

Secondo me l'arcano è proprio questo. Voi cosa siete bravi a fare? I vostri clienti perché comprano i vostri prodotti? Se la risposta è che acquistano la qualità intrinseca di quello che state vendendo e comunque siete una realtà medio piccola e vi stupite sempre del fatto che una volta il rame costa così e l'altra volta costa cosà, allora è meglio che vi copriate. Il valore voi lo create attraverso la trasformazione della materia prima e la gestione del cliente, non grazie al margine che potete creare attraverso l'assunzione di posizioni di rischio in materie prime.

Se la risposta è che siete sicuro di avere le competenze in casa, infatti vi siete portati in azienda un team di esperti del settore, i grandi trader di materie prime vi danno accesso al loro book e queste cose qua allora ci potete provare. Idem se il vostro mercato lavora tranquillamente con logiche cost-plus.

Penso però che nella seconda categoria, tra coloro che dovrebbero leggere questo libro, ci siano abbastanza poche aziende; quindi in genere è meglio optare per il primo scenario.

Gli ammortamenti: dammi lo scopino che sposto la polvere sotto il mobile

Ma chi li ha inventati?

A me sinceramente non piacciono molto.

Ma non perché il costrutto logico non sia corretto. E' ovvio che se comprate un tornio lo usate per 5 anni e non per uno.

Ma gli ammortamenti hanno questo effetto che la gente se ne cura poco.

L'azienda, per molte persone, si ferma a ricavi e costi vivi. E poi sì è vero ci sono queste partite non monetarie che assieme agli oneri finanziari mi riducono il reddito prima delle imposte ma non mi interessa gestirli.

Il tutto complicato dal fatto che, mentre i costi vivi sono spesso declinati nel conto economico con una certa cura, gli ammortamenti sono quasi sempre una linea sola. Che si chiama ammortamenti.

Non si sa cosa c'è dentro. Non si sa quando sono cominciati, non si sa quando finiscono.

A me confondono le idee.

Per non parlare delle manifestazioni ancora meno simpatiche. Ossia la capitalizzazione dei costi di non so che cosa che produce oneri pluriennali che evviva generano ammortamenti.

Non riesco ad andare a budget di reddito o di costi? Ma perché non capitalizziamo un po' di spese software? O un po' di costi di ricerca e sviluppo?

Non sto dicendo che la questione sia illegittima. Se i guru della contabilità e i principi che hanno sviluppato dicono che si può si può.

Il problema è che un costo ricorrente che genera un ammortamento per me è abbastanza difficile da interpretare. E poi, ho capito che se "una tantum" fai un lavoro di sviluppo allora lo devi spalmare su più anni, ma se ogni anno hai una "una tantum" allora che "una tantum" è?

Per non parlare del fatto che siccome non si capisce allora non si gestisce e quindi alla fine si spende di più di quanto si dovrebbe.

Il tema è certamente complesso. E altrettanto uno potrebbe trovare eguali debolezze nella contabilizzazione per cassa.

Ma io ho la sensazione che un eccesso di gestione per competenza costituisca un palliativo che è meglio non adottare.

Quindi, dato che comunque non abbiamo molte scelte visto che i principi contabili li dobbiamo adottare …

Nel vostro conto economico accettate ammortamenti per spese e investimenti veramente pluriennali e nessun altra. E nessuna delle spese pluriennali deve essere il costo del lavoro dei vostri colleghi (esempio di prima, io raccomando che lo portiate tutto a conto economico per l'anno in corso) a meno che non sia uno stretto requisito normativo.

Dopodiché, fate dettagliare nella rappresentazione di conto economico gli ammortamenti per tipo di spesa (naturalmente da attribuire a chi ha generato la spesa in conto capitale, vedi capitolo precedente in termini di budget).

Poi per i numeri, ossia per i tipi di spesa, che hanno una certa rilevanza fatevi dettagliare il: nato da almeno 1 anno e nato da oltre 1 anno.

Infine fate scrivere il numero di anni all'esaurimento del fenomeno in oggetto, con a fianco il valore residuo del cespite.

Quello in sostanza che voglio dire è che gli ammortamenti devono essere comprensibili e, soprattutto, non rappresentare lo strumento per rendere meno visibili dei costi che hanno una natura "viva". Oppure hanno una natura meno "viva" ma ricorrente e allora tanto vale vederli sopra la linea invece che sotto la linea.

Ci guadagnerà l'azienda in trasparenza e voi altrettanto. Così sarà più immediato che azioni prendere e eventualmente che interventi correttivi apportare.

E pagate ste tasse: è la legge e spesso è vero che provare a pagarne di meno costa di più …

Sono l'amore di tutti noi.

Ma ci toccano.

Il tema non è tanto questo, quanto l'opportunità o meno di creare delle strutture più o meno complesse per, diciamo, ottimizzare il carico fiscale dell'azienda.

Tutto in modo legittimo, naturalmente, dato che le cose illegittime non si fanno e basta.

D'altra parte fior fior di multinazionali dei paesi più importanti del mondo hanno queste strutture in piedi. Assetti che includono sub-holding in paradisi fiscali, catene societarie articolate, e via dicendo. E hanno pagato i migliori fiscalisti del mondo per assicurarsi che avvenisse tutto nella più completa legittimità.

Io se proprio la devo dire, soprattutto nell'ottica della media azienda, eviterei le fughe di fantasia, a meno che il tema non sia eclatante.

Possono esistere delle eccezioni, è vero. Caso classico è quello americano, dove rimpatriare profitti generati all'estero li sottopone ad una doppia imposizione, e per questo molte volte vengono lasciati dove sono stati generati o comunque fuori dai confini statunitensi. Mentre sarebbe stato naturale rimpatriarli e nel tempo distribuirli agli azionisti. E' un fenomeno così diffuso da rappresentare un problema di natura sistemica per quell'economia e anche Bill Clinton ne tratta nel suo libro "Back to work".

Ma a parte questa che mi sembra una stortura, e non vedo la razionalità nel pagare due volte le tasse per lo stesso reddito prodotto, in molti altri casi io propenderei per non dedicare molti sforzi a questi esercizi. Più che altro perché a me non è chiarissimo il trade-off tra rischio e beneficio.

Prima di tutto, a meno di soluzioni molto lineari e consolidate, ci sono delle complessità gestionali. Banalmente, se per esempio portate all'estero un centro di profitto (perché nel paese di destino si pagano meno tasse), va da sé che ci dovete portare pure l'attività sottostante. Non è che perché avete messo in piedi la struttura societaria avete completato il tutto.

E spostare all'estero un'attività (spesso "quell'attività") non è la cosa più banale del mondo. Bisogna spostare persone, famiglie, macchine, uffici, e tutto il resto. Pagherete meno di tasse, ma il vostro costo del lavoro salirà in modo significativo (per i vostri colleghi sarà "tutto pagato", il trasloco costa un mucchio di soldi, e molte altre penalizzazioni economiche). Per non parlare del fatto che lavorare diventerà molto più complesso. Un conto è avere a che fare con qualcuno seduto a 20 metri da voi. Cosa diversa è se per farci quattro chiacchiere dovete prendere l'aereo (a sua volta un bella perdita di tempo per voi e per i vostri colleghi).

Non c'entra con le tasse, ma all'inizio degli anni '90 la scuderia di Formula 1 della Ferrari ingaggiò John Barnard per la progettazione delle sue auto. Se ho capito bene, l'ho sentito durante un evento a cui partecipava il direttore tecnico della Ferrari del tempo, Barnard pretese per un certo periodo di tempo di continuare a lavorare dall'Inghilterra invece che in Italia. In un mondo che si muoveva comunque ad alta velocità ma con le comunicazioni del tempo questo rappresentò un ostacolo importante. Banalmente, i fax si leggevano meno bene dei progetti originali su carta e quindi le persone della produzione avevano più difficoltà a passare al prodotto finito. Se ho capito bene, poco dopo i due team (progettazione e produzione) vennero rimessi nello stesso posto.

Quello che voglio dire è che dietro operazioni di questo tipo ci sono molti costi nascosti e tanta complessità gestionale in più. E prima di considerare una mossa come vantaggiosa è importante che vi facciate bene i conti. Se no c'è il pericolo che facciate tanto rumore per nulla.

Un'altra questione è che in genere non è facile trovare molti sostenitori di queste iniziative all'interno della vostra azienda. Vuoi per il punto di cui sopra (ma chi ce lo fa fare? Siamo sicuri che ne valga la pena?), vuoi per l'inerzia al cambiamento di molti di noi, vuoi per il timore di fare qualcosa che non dovreste fare (anche se non è illegittimo). E fare le cose da soli è una vera noia. Perché alla fine in quest'area se non vi ci mettete personalmente le cose non succedono e un'azienda dove le cose succedono operativamente solo perché vi ci mettete voi non funziona molto bene e vi porta molte frustrazioni.

Un ultimo fattore, ovviamente, è il rischio. Ad esempio perché le cose cambiano nel tempo. Magari una struttura ieri andava bene e domani non più perché è cambiata la legislazione locale (spesso su pressione di altri governi che non hanno grande piacere nel perdere gettito fiscale). Vi troverete nella situazione che avete fatto un gran lavoro e dopo tre anni dovete smontare il tutto perché non si può più.

Io in genere mi focalizzerei sulle cose che sapete fare, mi adeguerei al fatto che il 30% di tasse si paga e pace. Spesso si guadagna di più a fare così piuttosto che a passare un mucchio di tempo a lavorare sulla penultima linea, le tasse. Meglio focalizzarsi sulla terzultima linea, il reddito prima delle imposte, fatto di ricavi e di costi operativi.

Sintesi

La leva va bene ma con misura. Troppa leva sposta il focus dell'azienda (dal resto del mondo ai creditori) ed è anche un segno di scarsa dedizione all'azienda da parte di chi il chip ce lo dovrebbe mettere.

I rischi finanziari fateli prendere a quelli che la gestione dei rischi la fanno di mestiere e voi continuate ad occuparvi di prodotti e di clienti.

Gli ammortamenti fateli se proprio dovete ma ricordatevi che appannano la chiarezza dei conti dell'azienda.

Pagate le tasse dato che passare troppo tempo a studiare come pagarne di meno (legittimamente) probabilmente costa come pagarle sin da subito e vi fa sprecare molte delle vostre preziose risorse.

I COLLEGHI

Alla ricerca del neurone: li intervisto pure io

Alla fine la vostra azienda sarà la combinazione delle persone che vi siete portato a casa.

Poi è vero avranno bisogno di un capo (voi o i componenti del vostro management team) che li guiderà e li farà lavorare bene. E il vostro ruolo sarà fondamentale.

Ma se la combinazione che avete messo in piedi è un po' debole, le vostre chance di successo diminuiranno comunque in modo esponenziale.

Perché purtroppo non tutti sono nati uguali, qualcuno ha alcune doti, altri ne hanno altre, qualcuno ne ha molte, altri ne hanno meno. Diciamo che, avendone la scelta, di sicuro non vi volete trovare con qualcuno (o troppi "qualcuno") che abbia delle carenze strutturali.

Perché coloro che hanno queste caratteristiche ovviamente portano poco valore e, peggio che peggio, possono diventare pericolosi. Ma dico veramente. In particolare se hanno delle facoltà decisionali

Un'azienda può essere la meglio organizzata del mondo e avere dei processi costruiti in modo minuzioso, ma se la qualità media delle persone che avete in casa è scarsa, da nessuna parte andrete e anzi vi potrete trovare nella condizione di continuare a spegnere incendi.

In particolare, quello che succederà è che voi sarete costretti a occuparvi del 100% dei problemi dell'azienda. Perché se non vi siete portati a casa qualcuno che ha un minimo di talento, da un parte sarete forzati a dettare per filo e per segno quello che devono fare (che non è un metodo che generalmente genera dei grandi risultati) e dall'altra a gestire una serie di crisi che avranno il brutto vizio di continuare a ripresentarsi.

Ma qual è il talento di cui stiamo parlando?

E' molto semplice e forse si è già capito nel corso del libro.

E' la presenza di un minimo di capacità critiche. Ossia, la capacità di fare un ragionamento con non finisce in un posto dove non ha senso. Lo stimolo a fare quel paio di domande in più che evitano di portare l'azienda al suicidio dopo tre giorni.

E preparazione tecnica, voti a scuola e motivazione non c'entrano niente o abbastanza poco. Le vedremo dopo. Qua stiamo parlando dell'elemento di base. Della materia primordiale. Il pezzo buono di quella grigia.

Massimo dei voti o minimo dei voti non c'entra. Semplicemente alcune valutazioni sono al di fuori delle capacità di analisi di qualcuno di noi. Ci sono persone che non si accorgono quando c'è un problema. E vanno avanti imperterriti a scavare la fossa (a sé stessi e, ahimè, agli altri): giorno dopo giorno la fossa diventava più grande e alla fine ci si può stare tutti dentro.

Simpatici, generosi, gentili, ma purtroppo poco adatti a compiere delle valutazioni critiche.

E di nuovo non mi riferisco all'incapacità di risolvere problemi complessi o all'assenza di capacità analitiche pure. Magari sono bravissimi a fare analisi anche complicate. Mi riferisco invece all'assenza della capacità di comprendere le problematiche che ci circondano e di trarne le conseguenze del caso. Ossia, di nuovo, di osservare con spirito critico la realtà.

Come sono riusciti a sopravvivere? Penso siano spesso il risultato di carriere (e forse vite?) circondate da persone che decidono al loro posto. E quindi i nostri si sono potuti permettere di non sviluppare queste capacità di base. Quelle che ti consentono di passare dal 2+2=4 alla possibilità, anche elementare, di valutare una situazione.

Che fare?

Fermateli all'ingresso. Non fateli entrare in azienda.

E c'è un solo modo per provare a essere veramente sicuri di fermarli all'ingresso. Parlategli voi direttamente e cercate di capire se dispongono della dotazione minima di capacità critiche. Sarà difficile se la vostra azienda ha mille dipendenti. Ma già se ne ha 200 la cosa diventa più semplice. Turnover del 10%? Ogni anno 20 nuove assunzioni? Circa una ogni 2 settimane. E che sarà mai? Di sicuro è gestibile.

Ma perché non farlo fare alla vostra prima linea e al responsabile del personale?

Chiaro che loro devono fare tutto lo screening iniziale e portarvi la loro proposta. Ma l'ultimo controllo lo vorrete fare voi.

Perché così forzerete i vostri colleghi a pensare come pensate voi, invece che come pensano loro (appunto dato che alla fine l'ultimo colloquio è con voi).

Il candidato non sarà molto contento che cerchiate di capire se ha spirito critico o meno, ma così va il mondo. Cercate di farlo ragionare (su qualsiasi argomento attinente, l'importante è che si veda che sa ragionare) e vedete come se la cava. E se non se la cava, dispiace per lui/lei, ma non portatevi a casa un problema.

Ricordiamoci che lo facciamo a fin di bene (per proteggere l'azienda) e per nessun'altra ragione.

Ma non è finita …

E cercate persone che abbiano voglia di fare e abbiano un minimo di ambizione, non solo le competenze (che si imparano)

… purtroppo le capacità critiche erano solo la condizione di base.

L'altra cosa di cui vi dovete curare è …

… che abbiano voglia di lavorare.

Capacità critiche assenti sono tragiche. Capacità critiche presenti, ma soggetto non motivato poco meno. Il vostro collega non vi creerà disastri, ma questa è l'unica soddisfazione che otterrete.

Perché è questo il secondo asse di valutazione? Perché l'alternativa (ossia la ricerca della presenza di competenze) mira a identificare cose che nel tempo comunque si sviluppano e/o si possono sviluppare.

Nessuno è nato cresciuto e tutti nel tempo hanno dovuto imparare come fare il loro lavoro. Università di serie A, B o Z. Tutti hanno dovuto imparare. Quindi, andare alla ricerca di uno che sa già tutto quello che vi serve è poco utile.

Certo, ci saranno delle cose per cui la laurea del chirurgo è meglio avercela, dato che fare usare il bisturi a uno che non è capace a farlo, tipo il ferramenta, è un po' pericoloso. Ma a quante posizioni si applica? Di sicuro a una minoranza. Mentre a molte altre funzioni in azienda si applicano criteri diversi: vuol dire che le cose si possono insegnare o, più spesso, si possono imparare col tempo.

La vera differenza è la voglia di fare. Perché? Perché insegnarla è veramente difficile. E molto spesso uno ce l'ha o non ce l'ha. Poi magari a uno che ce l'aveva nel frattempo gli/le è passata per le mille ragioni del mondo. Ma almeno all'inizio ce l'aveva.

Invece, fargliela venire a uno che già all'inizio non ce l'ha è un problema. Tra l'altro, nella maggior parte di queste selezioni, stiamo parlando di interagire con gente che un lavoro lo cerca. Quindi un minimo di necessità ce le avrà (di pagarsi la spesa, l'affitto, di acquisire maggiore indipendenza, …). Se anche nel momento di necessità non si vede voglia e intraprendenza, potete stare tranquilli che difficilmente la sua motivazione cambierà in meglio dopo l'assunzione.

E allora perché portarseli a casa (anche se hanno studiato)? Tanto poi non lavorano.

E di nuovo il vostro filtro è molto importante. E essere parte diretta del processo di selezione consente a voi e alla vostra azienda di portarvi a casa delle persone che soddisfino questi requisiti minimi di base. O perlomeno ne migliora le probabilità.

Infine, grazie alla vostra presenza sarà possibile lavorare sulla "classica" da selezione del personale. Mi sto riferendo al complesso de "mi serve subito qualcuno per fare il lavoro che quello di prima si è dimesso" o peggio "mi serve qualcuno per fare il lavoro, ma non troppo bravo che se no mi porta via il posto". Che molto spesso porta ad accettare la mediocrità.

Nel senso che molte persone, al contrario di un direttore generale teoricamente più lucido perché più distaccato, ragionano nell'ottica di soddisfare le necessità di breve periodo. Mentre non necessariamente pongono questi esercizi in un'ottica a più lungo termine. Perché hanno l'ansia del dovere soddisfare le loro esigenze immediate.

Ciò vuole anche dire che, già che vi portate qualcuno a casa, oltre che testare se ha un minimo di capacità critiche e se ha un minimo di voglia di lavorare, potete anche cercare di capire se ha un minimo di potenzialità per crescere nel ruolo (dico quando sarete lì al tavolo a valutare la candidatura). Che è importantissimo per la salute di lungo periodo dell'azienda. Oggi l'azienda si regge perché ci sono i responsabili di funzione e la gente sotto che lavora. Ma un'azienda che domani (fra 5 anni) fa così, esattamente con le stesse persone, è un'azienda che ahimè è invecchiata. Fra 10 anni sarà ancora di più così. Oltreché essere molto rischiosa perché le competenze sono concentrate sempre nelle stesse persone e negli stessi responsabili.

Invece ci vuole un po' di dinamismo e un po' di panchina lunga, sia perché fa bene, sia come protezione contro gli eventi. E queste cose le potrete ottenere se vi portate a casa qualcuno che già oggi può sostituire il lavoro svolto da qualcun altro e nel tempo ha la possibilità di assumersi maggiori responsabilità.

Non aspettatevi che i vostri responsabili di funzione lo metabolizzino o lo facciano naturalmente. Potrete affrontare l'argomento molte volte, ma la tendenza naturale sarà di non applicare questo modello, sia per forma mentis (soddisfare le esigenze di breve), sia perché per qualcuno di loro è un rischio. E allora applicateglielo voi al loro posto, pretendendo che le persone, che arrivano al colloquio finale, abbiano anche un minimo di potenzialità. E se non ce l'hanno gliele bocciate e bisogna ricominciare tutto da capo.

E di nuovo, resistete alla tentazione di prendere quelli che sono solo "capaci". Di sicuro non fa male, perlomeno nel breve, ma è molto meglio comprare un terreno fertile da coltivare nel tempo piuttosto che limitarsi a un candidato che "le cose le sa già".

Le competenze acquisite sono il passato e non necessariamente garantiscono sulle capacità future del candidato.

Infine, va da sé che l'azienda voi da soli non la gestite. E' un'impresa improba. Sia perché c'è un tema di capacità produttiva (è fisicamente impossibile per voi fare tutto), sia perché facendo così correrete molti rischi di perdevi pezzi e di sbagliare.

Non potete che fare leva sui vostri colleghi. Che sorpresa!

Lo so. E' tanto ovvio da farvi venire voglia di girare la pagina.

Se applicate ciò che abbiamo appena illustrato anche e soprattutto al vostro management team, allora riuscirete a porre le basi di cui la vostra azienda ha bisogno.

Le paghe (e le carriere?) le decido io

Adesso che più o meno vi siete assicurati di avere un buon livello qualitativo di persone in azienda, le dovete gestire.

Cosa vuol dire gestirli? Vuol dire decidere quanto pagarle e decidere che carriera far fare loro.

Sul tema delle paghe la questione mi sembra abbastanza facile da smarcare. Ossia, le decisioni le dovete prendere tutte voi. Tutte. Nessuna esclusa. Perché uno strumento così fondamentale non può essere né decentrato alle singole funzioni (così l'azienda si disgrega per difformità gestionale), né delegato all'ufficio del personale (che per sua natura non ha la vostra visione d'insieme e la vostra prospettiva per affrontare l'argomento, se no è meglio che vi scambiate i ruoli).

Cosa vuol dire? Vuol dire che vi dovete costruire un metodo vostro di valutazione e di definizione delle compensazioni di ciascuno dei colleghi. Il personale sarà un vostro importantissimo alleato e vi darà un contributo tecnico essenziale. Il metodo, però, deve essere il vostro. Io consiglio, il più possibile costruito sulla base di regole e non sulla base della negoziazione.

Io raccomando che le regole siano sostanzialmente due: performance e anzianità aziendale. Fate istruire il processo al personale e poi chiedete a ciascuno dei responsabili di funzione di spiegarvi come valutano le loro risorse (naturalmente sul capo avrete un punto di vista diretto dato che riporta a voi). Cercate di capire nel corso della discussione se vi stanno dicendo la verità o delle bugie e, soprattutto, alla fine chiedete loro di mettere i loro colleghi in ordine di merito (il cosiddetto ranking). Nulla è più potente, perché se chiedete una valutazione assoluta sono tutti buoni. Il capo è come la mamma. Le sue persone non sono in discussione. E per questo diventa meno obiettivo. Invece, attraverso il ranking è forzato a dirvi veramente quello che pensa. E dato che i talenti non sono distribuiti in modo omogeneo, questa forzatura è legittima perché vi dà un quadro molto più veritiero rispetto a considerazioni generiche.

Una volta che vi siete chiariti sul valore e sul contributo dei colleghi, a quel punto potrete mediare i meriti con l'anzianità, dato che comunque le cose bisogna guadagnarsele nel tempo e la fedeltà deve essere premiata. Cioè dovete fare una bella matrice: performance su un asse, anzianità sull'altro. E con la matrice ci potete fare 2 cose. La prima è assicurarvi che la vostra azienda sia bene equilibrata. Se sono tutti a metà della carriera e poco bravi avete un problema e dovete ricorrere ai ripari (però almeno avete un metodo per rendervi conto del tema e ci potete lavorare). La seconda è che per ogni incrocio rilevante potete stabilire una regola e la regola è vostra e di nessun altro, di aumento del livello di compensazione. Sei di performance media e sei con noi da quattro anni? Ti meriti un + 3% di salario. Sei di performance superiore e sei con noi da sei anni? Allora in questo caso avrai un + 8% di salario.

Fate tutto questo una volta all'anno (d'altra parte sarebbe anche molto laborioso condurre questa istruttoria ripetutamente o su base opportunistica). Anche questa regola l'avete decisa voi e tutti lo devono sapere. E avrete evitato che per i successivi undici mesi qualcuno (ossia tutti) entri nel vostro ufficio e chieda un aumento di stipendio per sé o per un suo collega. A chi ci prova? Spiegate il metodo, per la seconda volta (poi non succederà più) e gentilmente speditelo fuori dal vostro ufficio.

A corollario di tutto questo, questo processo sta in piedi perché i soldi bisogna cacciarli. E a questo dovete rassegnarvi. Alla gente lo stipendio bisogna aumentarlo. Se no dopo un po' si disilludono e vengono in azienda trascinando i piedi. Perché la sensazione che emergerà è che non li stimate (infatti non gli aumentate lo stipendio). E tutto questo peggiorerà nel corso del tempo anche perché la gente invecchia e purtroppo viene molto più naturale tenere il muso quando uno ha cinquant'anni piuttosto che a trenta. E quindi i rapporti, a poco a poco, si incrineranno e ciò che era collaborazione diventerà confronto. Meglio evitare e distribuire aumenti.

Se sia meglio un pezzettino ogni anno piuttosto che un pezzo più grosso ogni tanto non lo so. Non riesco ad avere un punto di vista.

Forse, l'unica cosa da evitare è di avere gli impiegati di 59 anni che guadagnano come i responsabili di funzione di 35. Perché a un tantino all'anno lì si arriva. Lì mi piace di meno. Per quelli che non crescono ulteriormente, ma comunque danno un contributo all'azienda, arrivate a un livello ragionevole e poi crescete con l'inflazione.

E le carriere? In una media azienda è difficile programmarle. Non avrete una base di 2.000 posizioni che nel tempo diventano disponibili e quindi vi permettono di ragionare sul mandare un collega da lì a là. La verità è che le cose si verificano nel tempo in modo più o meno opportunistico (per dimissioni, pensionamenti e cose di questo genere, tutti eventi che creano un buco da riempire) e voi vi potrete e dovrete porre il tema non tanto quando lo decidete voi, ma quando lo decidono gli altri (perché sono loro che si dimettono, che vanno in pensione, …). Chiaramente sarete voi a fare qualsiasi scelta al riguardo, ma non ho molto altro da aggiungere. Non riesco a inquadrarlo all'interno di un sistema aziendale (per una media impresa).

Gli unici veri suggerimenti per queste opportunità di crescita sono di fare leva sulle persone interne (va via il capo, promuovete uno della funzione o un altro bravo di un'altra funzione): per questo dovete avere un po' di panchina lunga, ne abbiamo già parlato prima. Lavorare sui candidati interni è cento volte più motivante per il resto dei colleghi rispetto a vedere arrivare continuamente dall'esterno delle persone sconosciute (dato che un giorno magari saranno loro ad essere promossi e quindi, nel frattempo, lavoreranno più motivati).

E l'altro è che quando le cose sono troppo statiche, fate un po' di rotazioni forzate, se no la gente si addormenta. Sia a livello di responsabili di funzione, sia a livello di personale operativo.

Pagate i bonus

L'ho già detto prima. I soldi bisogna tirarli fuori. Perché se non li tirate fuori vi portate a casa problemi molto più importanti. Non che dobbiate dare riconoscimenti a chi non se li merita. Chi non se li merita diciamo che non si merita di lavorare all'interno della vostra azienda. Ma se ve lo/la tenete, bisogna trattarlo/la bene.

Uno potrebbe dire, ma perché farlo? Non basta incorporare tutto all'interno del salario? Se sei bravo aumenta, se non sei bravo non aumenta. E togli dalla conversazione un mucchio di contenzioso in più riguardo al giudizio sul lavoro svolto (dato che riduci le discussioni da due a una).

Devo dire che la risposta non è ovvia. E se devo portare una testimonianza personale, sarà colpa mia, ma molte volte ho più avuto l'impressione di creare scontento che gratificazione. Per il motivo più che umano che tutti si convincono nel corso dei mesi di portarsi a casa il massimo e siccome il massimo se lo prendono non in tanti, allora tutti gli altri hanno dei motivi per non essere soddisfatti. E' come il regalo di Natale che se non lo facevi era meglio. Tua moglie o tuo marito si erano convinti che avrebbero ricevuto una cosa, tu ti presenti con un'altra e invece che dare gioia, viene fuori una discussione.

Altrettanto, la mia percezione epidermica è anche che non sia verissimo che la gente corre se vede quel tipo di carota. Spesso le persone hanno il loro passo e la cosa quasi più importante è evitare di farli rallentare, piuttosto che di farli accelerare. Sempre nell'ottica che coloro che non sono motivati sarebbe meglio che non facessero parte del tutto del vostro corpo di colleghi e che comunque, dopo un po' di tentativi, non è molto produttivo dedicare troppo tempo a farli ripartire. Ossia, se avete fatto bene il vostro lavoro, vi siete circondato di persone di qualità, non penso che queste comincino a correre perché possono aumentare il loro pacchetto del loro 10%. Probabilmente stavano correndo anche prima.

Secondo me il bonus va invece interpretato in un altro modo. Ed è questa la ragione perché deve essere trattato come una componente distinta. Ossia, per allineare in modo ragionevole gli interessi dei dipendenti con gli interessi degli azionisti. Nel senso che per me deve essere valorizzato come uno strumento che porta il singolo a fare gli stessi ragionamenti che farebbe il suo azionista, invece che lavorare su un piano differente, che è la cosa che spesso succede (molte volte peraltro in totale buona fede, dato che il sistema premiante non è costruito nel modo adeguato). E abbiamo visto nei capitoli precedenti come sia importante che questo allineamento avvenga e la gente ragioni come se le cose fossero sue.

E come si fa a mettere in pratica tutto questo? Con un metodo molto semplice. Se guadagno io (l'azionista), guadagni tu (dipendente). Se no, no. Punto.

Naturalmente con un po' di meccanica in mezzo. Prima di tutto parliamo di prime e al massimo di seconde linee. In seconda battuta, io direi che una quota degli utili ante imposte va messa da parte come bonus dipendenti. La cifra assoluta la dovrete fissare voi, ma dato che stiamo parlando di aziende medie, con una cifra di qualche punto percentuale degli utili ante imposte mi sembra che sia difficile sbagliare (senza esagerare). Tra l'altro, io fisserei questa percentuale e la terrei ferma per un periodo di tempo dichiarato a monte. Tipo: questa è la quota assegnata per i prossimi tre anni, o fino al 2015.

A quel punto avrete il vostro pool da allocare. E io lo allocherei al centesimo sulla base del mix dei salari dei singoli. Ossia: tu conti il 2,35% della base salari dell'azienda? Ti porti a casa fino al 2,35% del 3% degli utili ante imposte (nell'ipotesi che il 3% fosse la quota dedicata a questo schema). Molto semplice. E' chiaro, equo e incentiva anche all'efficienza. Con una sola correzione: se gestisci solo costi ti prendi la tua quota naturale; se gestisci sia costi sia ricavi prendi la tua quota naturale maggiorata di un pezzo (per evitare che tutti facciano il loro budget di costo, l'azienda abbia dei ricavi flosci, ma comunque con un buon reddito e tutti si prendano dei bei bonus anche se il contributo complessivo allo sviluppo del business è stato limitato).

Come fai a accedere al tuo pezzo (e portarti a casa sino al 2,35%)? Sulla base dei tuo obiettivi personali. Hai come obiettivo: vendere questi pezzi, generare questi ricavi e non spendere più di tanto? Diamo un peso (diciamo 20/40/40) alle tre variabili. Hai centrato solo la seconda e la terza? Ti porti a casa l'80% del 2,35%. Ulteriori raffinamenti li lascio a voi (dico su eventuali flessibilità del sistema).

Una precisazione: io eviterei però meccanismi bianco o nero. Piuttosto, farei strutture a scaletta. Ossia, non è che se non vendi quei pezzi non ti becchi niente. E se hai mancato l'obiettivo di 1? Ne nascono discussioni infinite. Tanto vale pensarci prima e dire: vendi 9.000 pezzi ti becchi 5, ne vendi altri 1.000 ti becchi un ulteriore 5, ne vendi altri 1.000 ti becchi i terzi 5, ne vendi gli ultimi 1.000 ti becchi i quarti 5 (così il totale fa 20). 12.000 pezzi era il budget dell'anno. La gradazione dà un senso di equità senza distribuire risorse a chi non se lo merita. Perché alla fine se il reddito non c'è comunque non viene spartito.

Uno potrebbe dire, così si mettono un po' in conflitto i colleghi tra di loro, dato che il pool di risorse che si condivide è uno solo. Ma in effetti si guadagna se l'azienda guadagna e quindi comunque i colleghi hanno un incentivo a lavorare per produrre assieme dei risultati di qualità.

Altra osservazione è che non c'è nessuna discrezionalità. Voi, come capo, non potete dire: tu un po' di più perché hai dato un grande contributo organizzativo, tu un po' di meno perché non lavori bene con i colleghi. No. Se uno se lo merita, dico l'asse organizzativo, aumentategli/le lo stipendio e il sistema si aggiusta da solo. Se uno non se lo merita, non aumentategli/le lo stipendio e se non se lo merita per troppe volte di fila forse non è molto adatto a lavorare con voi. La mia esperienza con i "voti", come penso di avere già detto prima, è che a meno di non dare sempre il massimo a tutti, il vero risultato che si ottiene è l'insoddisfazione, che poi a sua volta gioca contro di voi.

Tutto questo (ossia il livello di ottenimento del bonus) naturalmente è misurabile nel tempo. E ognuno può sapere come è messo da gennaio in poi ed evitare discussioni penose alla fine dell'anno perché lui/lei si aspettava che le cose fossero andate così mentre la situazione era tutta diversa. Anzi, ogni mese gli/le potete fare uno specchietto che gli/le dice come sono messi.

Abbiamo detto che qua si parlava solo di management team e al massimo dei loro riporti (comunque risorse con delle responsabilità o con un profilo professionale). Però poi ci sono gli altri colleghi. Cosa fare con loro? Lo dico perché magari in questo caso è più opportuno un metodo più semplice e più discriminato. Sia per evitare di introdurre delle formule matematiche comprensibili per una prima linea, ma incomprensibili per un addetto amministrativo (e quindi anche per evitare che il messaggio sottostante venga diluito). Sia per evitare degli appiattimenti: chiaro che il budget e i relativi obiettivi personali non si possono disaggregare più di tanto (in tale situazione potreste assegnare a un collega solo gli obiettivi del suo capo. Questo però vorrebbe dire che all'interno di un ufficio il bonus relativo sarebbe uguale per tutti che non è esattamente quello che volete ottenere). E poi il bonus in questo caso serve anche per dare dei messaggi molto chiari alle persone che lavorano in azienda e, se sono di limitata responsabilità, è anche probabile che siano giovani e quindi chiarezza e trasparenza d'impostazione sin da subito aiutano.

Allora per queste persone potete pensare a un sistema molto lineare, simile in parte a quello che abbiamo discusso per la parte salariale. Fissate un premio uguale per tutti (tanto i livelli salariali saranno molto simili). E poi al responsabile di funzione chiedete di dividere questo gruppo di persone in 3 sottogruppi, uguali in dimensioni: sovra-performanti, in media, sotto-performanti. Ai primi date il premio medio aumentato del 50%, ai secondi il premio medio, ai terzi il premio medio diminuito del 50%. Un po' brutale, ma abbastanza semplice da mettere in piedi.

Il tutto a patto che l'azienda abbia raggiunto un livello minimo di reddito prefissato, se no l'allineamento che cercate (con gli interessi dell'azionista) non viene ottenuto.

L'assetto complessivo è anche ragionevole da spiegare agli altri. Ossia: all'inizio premio te e quanto sei bravo individualmente (con meno soldi, dato che le leve ce le hai in mano tutte tu, e quindi corri meno rischi), se fai carriera ti permetto di accedere ai risultati dell'azienda dove do peso sia al tuo contributo, sia alla capacità di generazione di reddito complessiva (con più soldi, dato che la catena di trasmissione si è allungata, dipendi spesso anche dal lavoro degli altri e quindi i rischi di non ottenere un riconoscimento aumentano).

Darwin

Non so se si è capito nella lettura di questo testo, ma più volte ho parlato di assicurarsi che in azienda rimangano le persone meritevoli.

Sempre nei termini consentiti dalla normativa, ma è fondamentale che questo punto venga seguito con costanza.

Può essere che non sei in grado, che non riesco a insegnartelo, che non hai voglia di lavorare, ma se nel tempo dimostri di non potere contribuire ai risultati dell'azienda mi devo arrendere all'evidenza e creare le condizioni per farti uscire dal perimetro societario.

E' veramente poco piacevole occuparsene, ma è necessario.

Per vari motivi. Il primo è che se non danno un contributo all'azienda è molto probabile che nella migliore delle ipotesi siano dei costi, nella peggiore rappresentino dei pericoli. E perché dovete essere voi, i vostri dipendenti e la vostra società a subirne le conseguenze?

Il secondo è che sono un pessimo esempio per i loro colleghi. Se a loro è permesso di contribuire così poco perché gli altri si dovrebbero impegnare?

Il terzo è che spesso sono delle zavorre per il clima aziendale perché, guarda caso, sono bravissimi a tenere il muso e a lamentarsi nei corridoi.

Il quarto è che dato che vi dovete tenere loro, non siete in grado di far svolgere le loro attività a qualcuno più performante o, peggio che peggio, a non far crescere qualcuno a cui queste persone fanno da tappo (perché sono i loro capi). Così rinunciate pure alle opportunità del caso.

Il quinto è che la gente perderà rispetto per voi, dato che non avete il coraggio di affrontare la situazione.

E' un po' cinico da dirsi, però affrontare questo tema vi permette di rafforzare l'organismo (la vostra azienda). Perché avendo in piedi un sistema attraverso il quale non tengo in azienda coloro che non riescono a dare un contributo e inserisco risorse di maggiore qualità rende l'organizzazione molto più forte, sana e pronta a reggere le sfide future. In fondo lo dovete anche agli altri colleghi. Vi piacerebbe sapere "che avete perso" (in un modo o nell'altro), facendo soffrire tutta l'azienda, perché nel tempo non vi siete dedicati al rafforzamento dell'organismo nel suo complesso? Io lo trovo un processo di grande importanza per un'organizzazione. Da alcuni punti di vista quasi un obbligo morale.

E poi non stiamo certo parlando di grandi numeri. A meno che non abbiate ereditato una situazione veramente disastrata o non siate stati in grado nel tempo di svolgere quel ruolo di filtro di cui abbiamo parlato prima, alla fine i casi (sempre considerando che gestite una media azienda) dovrebbero contarsi sulle dita di una mano.

Come si fa? Prendete il vostro responsabile del personale e i responsabili di funzione e insieme a loro fate la lista delle persone che non hanno le caratteristiche per portare valore alla vostra azienda o addirittura il potenziale di creare degli scompensi. Naturalmente, la matrice che avete usato per la determinazione della dinamica dei salari può essere di aiuto.

E persona per persona fate un piano di interventi che, naturalmente muovendosi all'interno della correttezza professionale e del rispetto delle norme, vi permetta di affrontare questo tema. Ovviamente la prima cosa da fare sarà parlare con il singolo collega e condividere le perplessità dell'azienda. E poi provare a trovare un accordo e/o formulare un piano che permetta di arrivare a un punto di mutua soddisfazione. Lo sappiano tutti, gli accordi immediati ruotano attorno a un ragionevole pacchetto di incentivi (che, date retta a me, sono comunque soldi ben spesi). I piani che non passano da questi incentivi sono invece un po' più articolati e, nei fatti, ruotano attorno all'aiuto che potete dare al vostro collega per trovare un lavoro più adatto alle sue caratteristiche. Ad esempio, potrete organizzare delle sessioni di consulenza di outplacement, anche con il supporto di professionisti esterni, addestrare il collega a condurre in modo efficace dei colloqui di lavoro, aiutarlo/la a cercare sui siti dedicati delle opportunità di impiego che possono essere interessanti e, perché no, incoraggiarlo/la a fare una transizione di carriera che possa permettergli/le di ottenere dei riconoscimenti professionali migliori.

E' chiaro che questo percorso può sembrare un po' strano e innaturale, ma paradossalmente è più costruttivo affrontare la questione apertamente. Provare a trovare una soluzione che vada bene a entrambi vi creerà più amici che nemici e darà la sensazione al resto dell'azienda che le questioni vengono affrontate e alla fine si trovano delle soluzioni ragionevoli. Dico che creerà più amici che nemici perché il mio vissuto è che la stragrande maggioranza delle persone preferisce mettere il punto a capo e ricominciare (anche con un vostro piccolo aiuto), piuttosto che farsi trascinare per inerzia in una situazione dove non ci si sente gratificati e ovviamente non si riceve l'apprezzamento dell'azienda.

Non dovete avere amici, ma nemici sì

Tutte queste modalità di gestione del personale richiedono ovviamente una certa disciplina. Come, peraltro, molte delle cose citate e descritte in questo libro.

E il fulcro di queste materie gestionali siete spesso voi e non i vostri colleghi.

Non a tutti loro piacerà. Ci sono delle persone che non si trovano bene all'interno di strutture così schematiche, che non metabolizzano perché non ci si possa permettere un po' di flessibilità, che si infastidiscono perché se le decisioni le prendete voi e non loro, significa che loro contano di meno. E molte altre di queste manifestazioni.

Due cose rilevanti possono succedere. La prima è che i colleghi, in particolare i responsabili di funzione, vi chiedano delle eccezioni. Spesso per conto delle persone che lavorano per loro. "Se non lo trattiamo diversamente c'è il rischio che se ne vada". "E' vero non cresce professionalmente, ma è con noi da tanto tempo". Spesso argomenti non privi di una certa razionalità. E magari anche voi sentite dell'affetto per lo stesso collega.

Ma purtroppo con un difetto. Mancano di visione sistemica.

Se volete che l'azienda venga gestita in un certo modo le regole quelle devono essere. Se credete in un principio, poi non lo potete applicare tutte le volte a parte una. Che poi diventano due. Poi tre e poi l'azienda non la gestite più come la volete gestire voi, ma come la vuole gestire qualcun altro.

Non starete molto simpatico ai vostri colleghi o diciamo che vi apprezzeranno per altre cose, ma non potete rinunciare a questa condotta.

Anche perché se vi rinunciate nasce un ulteriore problema. Che mentre molte persone riescono a dire di no a tutti, quando cominciano a dire di sì a qualcuno, spesso dicono di sì di più a qualcuno che a qualcun altro.

Apriti cielo. Prima stavate un po' antipatico a tutti. Adesso qualcuno andrà in giro a raccontare che è riuscito a farvi cambiare idea (con un sorrisino sulle labbra che significa, quello "smidollato"), qualcun altro, dato che le eccezioni a loro favore non le avete fatte, vi odierà dal più profondo del cuore, anche perché non sanno come raccontarlo alle loro persone (che l'eccezione a favore degli altri la conoscono benissimo visto che questi non hanno perso l'opportunità di raccontarlo in giro).

Se volete un po' di disciplina manageriale dovete essere pronto a non essere proprio popolarissimo (perlomeno su questi argomenti).

La seconda cosa che può succedere è che, invece, vi si mettano proprio contro. Lo possono fare per molti motivi, ma secondo me questa è una delle ragioni principali, se non la principale, per cui questo può succedere. Perché in parte occupate "troppo" il loro spazio (o quello che loro ritengono essere tale).

E magari non è che ve lo dicono apertamente e discutono con voi del loro diverso punto di vista (nei modi in cui si deve fare, ossia a quattr'occhi). Al contrario, tessono una rete di dissidenza alle vostre spalle e creano i classici presupposti per la delegittimazione sociale. Commenti nei corridoi. Battute sarcastiche in pubblico (anche in vostra presenza, è la presenza degli altri che dà loro forza). E cose di questo genere.

L'ho visto succedere un certo numero di volte in diverse aziende che servivo da consulente.

Purtroppo con questi simpaticoni una sola soluzione ha efficacia organizzativa: facendoli rientrare tra quelli che non si meritano di lavorare per la vostra azienda. Non è che l'ha prescritto il dottore che devi lavorare qua. Se non ti va bene la gestione di quest'azienda, vai a trovarti una gestione che ti piace di più. Ma non rosicchiarne continuamente le fondamenta per motivi, alla fine, legati esclusivamente alla tua gratificazione personale.

Purtroppo, in questo caso, alla forza bisogna reagire con la forza (legittima). Questi "caratteri" le buone maniere non le capiscono e spesso le interpretano come atti di debolezza. E gli altri colleghi, che intanto guardano, pure. E così fate il capo dimezzato. E l'azienda viene gestita peggio. Meglio porvi rimedio.

Sintesi

Svolgete direttamente il ruolo di garante della qualità delle persone che entrano in azienda. Nessuno controlla le capacità critiche degli altri come siete in grado di farlo voi.

Passato questo filtro portatevi a casa della gente che ha voglia di fare. Il contenuto del lavoro, invece, glielo insegnerete voi.

Non è finita qua: dovete anche essere coinvolti nella gestione di salari e carriere di tutti i vostri colleghi e non lasciarlo fare a qualcun altro e/o delegarlo completamente all'organizzazione dell'azienda. Però usate un metodo e applicatelo con costanza.

Rassegnatevi a essere generosi. Ma fatelo in un modo che l'interesse dei singoli sia totalmente allineato con quello dell'azienda. Se c'è da guadagnare, si guadagna tutti.

Infine lavorate continuamente sul miglioramento della qualità professionale dei vostri colleghi, investendo sulle risorse migliori e aiutando chi non ha trovato nella vostra azienda il suo giusto collocamento professionale a indirizzarsi verso strutture maggiormente in grado di valorizzarli.

Accettate che la rigorosità gestionale sui temi del personale abbia due conseguenze: la prima è che non brillerete di popolarità e la seconda è che dovrete comunque pretendere il supporto della vostra squadra di management (e chi non ve lo darà forse è meglio che lavori in un'azienda dove i sistemi di gestione possano trovare il suo consenso ...).

L'ORGANIZZAZIONE

I principi organizzativi

Adesso dovete discutere come organizzare la vostra azienda.

Lo so, ogni realtà è diversa e dare delle soluzioni univoche è impossibile.

Però si possono formulare dei principi. Ovverosia le linee guida da utilizzare per assegnare le responsabilità.

Il primissimo principio è la chiarezza. E l'unica chiarezza organizzativa che veramente conta è: ognuno in azienda sa rispondere alla domanda "chi è il tuo capo" o "chi è il suo capo" (rivolto ad un altro)? Se sì, allora le basi ci sono, se no allora le cose non vanno.

Nel senso che l'organizzazione è prima di tutto fatta di riporti gerarchici. Se quelli non sono chiari, il resto serve a ben poco. Questo perché ognuno lavora per il beneficio degli azionisti e per qualcun altro (il suo capo). Lavorare solo per il beneficio dei primi non va bene perché quelli non sono in azienda ad assicurarsi che tu stia facendo un buon lavoro, mentre il tuo capo sì. E sapere che il capo non ce l'hai o piuttosto non è chiarissimo chi sia non aiuta la disciplina e anzi ispira un po' la cultura del "faccio quello che voglio tanto non devo spiegare il mio operato a nessuno". Mai sentito il detto che quando il gatto non c'è i topi ballano?

Detto in altro modo, guardando un organigramma bisogna essere in grado di dire chi comanda e in che area. Le linee che collegano le scatoline del disegno devono essere interpretate in quest'ottica. Se non si capisce, l'organizzazione non è organizzata o lo è solo parzialmente.

Come spesso in questo libro, voi direte che questa è un'affermazione scontata. Lo penso anch'io, ma poi la realtà dei fatti a volte ci smentisce. Mi ricordo di una banca dove qualcuno chiese al direttore generale a chi riportavano i responsabili di area territoriale (ossia i "regional manager" del mondo bancario, quelli che fanno i capi di tutti le filiali della regione A o B). Dalla lettura dell'organigramma non si capiva. Non c'era una linea che collegava la loro scatolina a qualcuno in direzione generale. Risposta: silenzio. Coloro (i "regional manager") che gestivano l'80% dei dipendenti della banca (le persone che lavoravano in filiale) non era chiaro a chi dovevano rispondere o peggio ancora se esisteva qualcuno a cui dovevano farlo. E la domanda non era stata rivolta a una persona titolata a non sapere la risposta. Indovinate come passavano il loro tempo questi qua? Facevano esattamente quello che volevano loro e non si sentivano assolutamente responsabili di seguire degli obiettivi e/o un percorso industriale concordato con qualcun'altro (il loro capo che infatti non si sapeva chi era). Dei battitori liberi aggregati sotto lo stesso cappello societario. Non che non lavorassero, ma avevano la loro piccola azienda nell'azienda, ricevevano qualche prezioso suggerimento dalla sede e alla fine facevano quello che volevano loro.

Altra situazione che a volte si incontra è quella dei titoli assegnati nella forma e un po' meno nella sostanza. Mi ricordo di un'altra situazione dove esisteva il direttore generale, ma i suoi vice (a cui riportava tutto il resto dell'azienda) lavoravano nei fatti per il consiglio. Il direttore generale, invece, gestiva i clienti più importanti, però solo da un punto di vista relazionale, perché ovviamente il budget di quei clienti ce l'aveva qualcun altro. Non si capiva assolutamente niente. E peraltro nessun aveva il coraggio di parlarne per non creare tensioni.

Quindi il primo compito organizzativo è di fare un esercizio che chiarisca bene i rapporti gerarchici e che permetta di fare un disegno su un pezzo di carta da cui gli assetti "di potere" risultino inequivocabili.

Poi ci sono un po' di questioni più tecniche. La prima: le organizzazioni che funzionano bene, ancora di più nelle realtà di medie dimensioni, visto che ottenere il risultato è ancora più facile, sono piatte. C'è il capo, i responsabili di funzione, il personale operativo. Il resto non ti serve. Avete bisogno di ruoli intermedi solo se lo "span of control" sorpassa al minimo i 10 colleghi. Ossia se il responsabile di funzione ha più di 10 persone all'interno della sua unità. Allora si può considerare il capo ufficio, ossia il responsabile intermedio. Ma se no state sovra strutturando l'azienda. Ossia in primo luogo vi state portando a casa dei costi inutili. Se basta una persona per gestirne dieci, e voi ce ne mettete due in due uffici da cinque (più il loro capo), minimo uno dei due è un'inefficienza e lo pagate a gratis. Detto in altro modo, passa metà della sua giornata a far niente o peggio ancora a fare cose inutili o controproducenti. E poi se uno ha il tempo di fare troppe altre cose oltre che a fare il capo, probabilmente si metterà a fare il lavoro di quelli che dovrebbe gestire, con il risultato che è sempre tra i piedi, non dà loro gli spazi per crescere.

Come corollario di questa nota, i vice non servono a molto. Ma perché c'è il vicedirettore? Perché se il direttore è malato chi firma? Ma di cosa stiamo parlando? Tutti a casa (figurativamente). Ti pare che per 3 giorni di assenza all'anno uno si deve portare a casa il costo, salato, di una persona in più? Perché così lo facciamo crescere e lo prepariamo a fare il direttore! E allora il direttore come passa il tempo se il lavoro lo fa il vice che deve crescere? Mi sembra una scuola un po' costosa, non trovate?

La seconda nota tecnica è che l'organizzazione è meglio se è spezzettata e non si verificano eccessi di concentrazione di responsabilità. La prima ragione è che altrimenti qualcuno prende in gestione l'azienda al vostro posto. Tipico il caso dei direttori commerciali nelle aziende di servizi (quindi dove la produzione ha un ruolo ridimensionato rispetto alle imprese manifatturiere) che hanno sotto di sé la rete e il marketing. E il direttore generale che ci sta a fare? La seconda ragione è che la creazione di un minimo di conflitto all'interno dell'azienda è salutare. Sono i vostri colleghi che si controllano reciprocamente. Nell'esempio di poco fa il marketing controlla le vendite e viceversa e se c'è qualcosa di strano ve lo viene a dire (come avevamo già detto). Se è tutto sotto lo stesso cappello questo non succede.

Ma non è da interpretare solo nell'ottica che qualcuno deve fare la spia di qualcun altro. E' invece vero che alcune funzioni aziendali hanno per loro natura obiettivi diversi. Chi è più focalizzato sui ricavi a qualunque costo. Chi è più focalizzato sull'efficienza chi se ne importa dell'attività commerciale. O cose di questo genere. La dialettica tra di loro è salutare perché pone le basi per l'ottimizzazione tra le varie tensioni. Con voi a fare da sintesi (ne avete il diritto e comunque siete nella migliore posizione per farlo) invece che un responsabile di funzione, che comunque non ha la stessa visione sistemica che potete avere voi. E ad assicurarvi che la situazione non scappi di mano.

E infine, sempre su questo punto dell'organizzazione spezzettata, anche a voi si deve applicare la nozione di span of control abbastanza esteso, ma non troppo, perché se no, non è chiaro che ruolo svolgiate (ossia se fanno tutto gli altri al vostro posto, voi come passate il tempo? E altrettanto se non avete il tempo da dedicare a ciascuno dei vostri riporti, perché sono troppi, come fate ad incidere sull'attività?).

Ultima nota è la verticalità e univocità dei riporti organizzativi. Il tuo capo è uno e uno solo ed è quello che ti sta sopra. E il capo del tuo capo è quello che sta sopra a lui/lei e non un altro ancora. Prima imputata è naturalmente l'organizzazione a matrice. Spero non moltissimo applicata nelle medie aziende, ma purtroppo sempre lì pronta ad affondare il colpo. Bellissima sulla carta, secondo me deleteria in una realtà ben gestita. Magari una tassa da pagare in un gruppo con presenza in 30 paesi per evitare fughe anarchiche non controllate. Nel vostro caso provate a resistere. Non c'è nulla di più triste del capo di una business unit (diciamo il responsabile di una società del vostro gruppo?) a cui un suo riporto dice che quella cosa là non la può fare perché? Perché quell'altro ancora della capogruppo ha detto che non si può (però non ha il budget, quello è rimasto molto tranquillamente nella società operativa).

Diciamo che nell'illusione dell'uniformità gestionale si sono commessi molti crimini. Volete assicurarvi che la gente della vostra organizzazione non faccia delle idiozie? Evitate le concentrazioni di responsabilità, eventualmente emanate delle linee guida su alcuni temi chiave e comunque mettete qualcuno a fare controlli. Ma una volta che quello fa il colonnello, i soldati del suo plotone, gli ordini operativi li devono prendere da lui/lei. Se non vi va bene, cambiate il colonnello, non costruite una struttura dove gli assetti non sono chiarissimi.

Se anche questo proprio non vi piace, avete necessità di vera uniformità, allora tanto vale centralizzare organizzativamente la funzione a livello di gruppo. Tipico è il caso dell'informatica, anche per questioni di competenze tecniche. Chi gestisce il territorio diventa un cliente che compra servizi e la chiarezza di riporti è preservata. Il capo sempre uno rimane.

E' chiaro che in tutto questo ne va della responsabilizzazione. Se le modalità decisionali non sono chiare, appunto perché la nozione di capo è soffusa all'interno dei meandri dell'organizzazione matriciale, è possibile che molti dei vostri colleghi non si sentano pienamente responsabili di quello che sta succedendo. Cosa che, abbiamo visto, è condizione necessaria e sufficiente per portare l'azienda all'insuccesso.

I comitati

Comitato di direzione. Executive committee. Comitato e basta.

Due alla settimana!

Sapete cosa dovete farne?

Se siete nelle condizioni di farlo, fatene a meno.

Ma chi l'ha mai vista un'azienda dove si decide con i voti?

Le decisioni le prende chi ha l'autorità per farlo, non un gruppo di persone collegialmente (appunto magari ad alzata di mano).

Se no chi è responsabile? Lui/lei che poi deve eseguire le attività? Eh no! Lo ha deciso il comitato. Che vuol dire che se le cose vanno male è responsabilità di tutti, ossia di nessuno, infatti non prendetevela con me.

Sei un responsabile di funzione? Hai bisogno del consenso degli altri? Ti alzi e ci vai a parlare. E trovi assieme a loro una soluzione ragionevole (che comunque deve essere la tua soluzione e non quella tua e degli altri). E la trovi, perché poi non vale andare dal "papi" (il direttore generale) perché non vi siete messi d'accordo. Perché se non la trovi vuol dire che non ti sei impegnato abbastanza. Poi, quando l'hai trovata, vai dal capo e gliela racconti anche a lui/lei, che il 90% delle volte ti dice di sì (perché essendo già sopravvissuta al processo di formazione del consenso interno proprio una bufala non deve essere) e il 10% delle volte non è accordo (così va il mondo).

Le riunioni di gruppo si fanno per celebrare le decisioni che oramai sono già state prese, non per fare un colpo di mano collegiale quando non si riesce ad andare avanti con le conversazioni a quattr'occhi.

Mi ricordo una scena favolosa dove c'era il capo di una business unit che aveva sviluppato un progetto e lo voleva presentare a tutta l'azienda, per poi metterlo in realizzazione. Peccato che non aveva raccontato niente a nessuno e sperava di raggiungere il consenso in quell'occasione. E non aveva raccontato niente neanche al suo capo, che si trovava lì insieme ai suoi sottoposti ad ascoltare delle idee non filtrate e non condivise. Grave errore. Non a caso il capo prese la parola per primo e disse: "voglio chiarire una cosa. Quest'azienda non è una democrazia. Non decidiamo con i voti". E si zittì. Il messaggio era: caro, ti aspetti forse di creare il consenso in questo modo, invece che bussare prima a ciascuna delle porte interessate e portarti a casa il loro accordo (e infine il mio)? Poi, nonostante il gelo iniziale, il progetto era così sensato che tutti furono a favore, ma il rischio corso fu grossissimo.

Poi c'è chi dice: ma gestiamo l'azienda in questo modo così siamo tutti informati su quello che sta succedendo! Diciamo che, come abbiamo visto, questo beneficio ha un costo organizzativo molto alto (in particolare la deresponsabilizzazione) per essere considerato desiderabile in senso assoluto. E poi tutti le considerano sessioni mostruosamente noiose (infatti sbadigliano tutti, anche voi).

Volete che le informazioni circolino? Fate una sessione 1-2 volte al mese con tutto il management team. 5-10 minuti a testa ognuno dice le novità dei precedenti quindici giorni. Preferibilmente non di natura ordinaria, ma soprattutto di natura progettuale. Stabilite voi il formato (suggerisco, per ogni responsabile di funzione: cosa vi ho detto la settimana scorsa, cosa si è concluso, cosa si è aggiunto, cosa è ancora in corso, con che evoluzione).

Poi una volta ogni tre mesi fate una sessione di condivisione delle performance (usando il più possibile gli strumenti e la metrica che usate normalmente nelle vostre conversazioni con i singoli esponenti del management team). Fate parlare il direttore finanziario. I ricavi sono andati così, i costi così, i rischi così, qualche domanda? Ciao, ciao in un'ora anche questa l'avete smarcata. Tanto tutti hanno accesso alla reportistica standard che abbiamo descritto precedentemente. Quante domande in più avranno e/o che non avete ancora affrontato nelle vostre sessioni individuali? E poi, fatte con maggiore frequenza, diventano estremamente ripetitive.

Non so se si è capito e forse sono anche uscito un po' fuori tema nel tentativo di farlo, ma io vi sconsiglio di mettere assieme dei momenti formali dove si prendono le decisioni e/o si gestisce l'azienda. Io interpreto l'azienda come una serie di combinazioni individuali, anche abbastanza articolate, ma non come un consesso collegiale dove tutti nobilmente discutiamo e creiamo il consenso nel parlamentino del nostro ufficio per costruire un mondo migliore.

La vera verità è che le uniche sessioni operative di natura collegiale sono quelle che organizzerete voi per le iniziative che seguirete voi. E le seguirete voi non perché sono più grosse o più belle, ma semplicemente perché arrivano a un punto di interfunzionalità che è impossibile farle gestire alla vostra prima linea. Ma è un evento relativamente raro. E quando capiterà, farete cinque sessioni tutti assieme, il risultato sarà stato portato a casa, bang basta riunioni di questo tipo (fino al progetto dopo).

I gradi e i ruoli

Ultimo argomento che vorrei affrontare sono le stellette.

Non ti pago in più, non ti do nessuna responsabilità in più, ma da oggi sei un vice direttore generale.

Io lo trovo curioso, ma c'è un mucchio di gente a cui piace.

Tenente, capitano, maggiore. Cosa fai? Quello che facevo ieri. E allora che gratificazione personale ne trai?

E poi la gente litiga! Quella è diventata vice-funzionario di terza! Io sono qui da più anni di lei! Ma se prendi più soldi? Non importa!

Io se fossi in voi farei a meno di tutta questa infrastruttura che è un po' un costrutto morfologico. E' un po' sostituire le decisioni vere in tema di personale (paga, responsabilità) con delle cose, diciamo, più di natura estetica. Con il paradosso che agli interessati a volte piace.

E con l'aggravante, poi, che se voi gli date importanza, gli daranno importanza anche i vostri colleghi. E invece che lavorare per gli obiettivi giusti, uno lavora perché così riceve il titolo.

Io la farei semplice, perché comunque i gradi sono importanti: titolo e ruolo devono essere coerenti. Hai il ruolo, allora hai anche il titolo. Non hai il ruolo, allora il titolo non ce l'hai.

E il titolo deve essere flessibile a sufficienza per potersi adattare ai veri percorsi di carriera che interessano i vostri colleghi.

E allora ve la do io la soluzione: chiamate le persone "responsabili di X", essendo X la loro area organizzativa. Sei il capo del marketing? Non ti chiamo vice direttore, che poi lo rimani anche se vai a fare il cuoco. Ti chiamo "responsabile del marketing". Basta. Niente sottotitolo che elenca il numero delle stellette. Svolgi quel ruolo, ti chiami in quel modo. Non lo svolgi, ti chiami Paolo Rossi come ti hanno chiamato i tuoi genitori.

Fidatevi, è più sano perché è più vero e vi evita di dovervi occupare di mille discussioni inutili sul numero di stellette di mister X o di miss Y (e lo evita anche ai vostri colleghi, moltiplicato per ciascuno di loro).

Ho letto che a un certo punto qualcuno negli Stati Uniti dibatté se nominare Douglas MacArthur generale a sei stelle. Titolo inesistente sino a quel momento. Tutti gli altri erano arrivati al massimo a 5. Eisenhower ne aveva 5, Marshall (quello del piano) ne aveva 5, Pershing (più o meno Eisenhower e MacArthur messi assieme, ma nella Prima Guerra Mondiale) ne aveva 4. Il più grande genio militare del paese. Un leader indiscusso e insostituibile. Con un piccolo problemino. Truman lo aveva rimosso da responsabile di teatro della guerra di Corea/capo del Giappone e lui, dopo quasi vent'anni di assenza era tornato negli Stati Uniti. Una mia possibile interpretazione in merito? Siccome aveva mostrato diverse volte di avere ambizioni politiche, ma a non molti piaceva (per esempio, si racconta che l'uso delle bombe atomiche non gli sembrava una extrema ratio, ma l'utilizzo di uno strumento come un altro in un teatro di guerra), allora nel corso del tempo a qualcuno gli era giustamente venuto in mente: e se gli dessimo una bella stella in più? Così lo rendiamo Unico. Mai nessuno prima e mai nessuno dopo. E, gentilmente, un po' più silenzioso e meno invadente nella scena domestica.

Alla fine non se ne fece niente (magari anche perché oramai stava zitto da solo). Ma questo esempio potrebbe indicare il livello di non corretto utilizzo a cui si può arrivare con questo strumento. E siccome le cose si pagano, perché alla fine qualcuno se ne accorge, nel medio periodo è meglio farne a meno.

Sintesi

Le strutture organizzative vanno disegnate chiare, piatte e senza concentrazione di potere.

A meno che non ne siate costretto, evitate la gestione per comitati e utilizzate questi momenti collegiali solo per far circolare le informazioni.

Infine, date coerenza a gradi e ruoli e non usateli in modo separato.

COME SI FA A FARE IL CAPO

Grido o non grido?

Finora abbiamo parlato di sistemi e processi. Un po' meno di business, ma ogni tanto anche di quello.

Poche cose "soft", pochi commenti sullo stile (vostro).

Ovviamente io penso che un'azienda bene impostata sia basata principalmente sui buoni meccanismi di cui abbiamo già parlato. Ossia sono convinto che se costruite delle modalità di lavoro accettabili e vi circondate di persone di una qualità adeguata, le cose vanno già abbastanza bene.

Però chiaramente non posso negare che alcuni elementi di natura personale non abbiano una significativa rilevanza nello svolgimento del vostro ruolo.

A tratti alcune cose ce le siamo dette, ma vale la pena ripeterle.

Metterò tutti i punti in fila in un capitoletto solo. Ma il primo no, perché secondo me è di gran lunga il più importante.

Ossia, come faccio a farmi ubbidire: grido o non grido?

Io sono per il "non grido".

Gridare ha un'efficacia fenomenale. Perché buona parte delle persone che lavorano per voi hanno "paura". Sono delle prede. Non so perché. Magari ripropongono la situazione in cui si trovavano nella loro relazione con il padre (non sempre un simpaticone). Magari hanno sofferto i rapporti con i loro coetanei nell'adolescenza. Che ne so? Sta di fatto che una quota molto importante delle persone, se gli gridi addosso, abbassa le orecchie. E obbedisce.

Diversi gridatori sono stati dei leader eccezionali e insostituibili. Patton, l'abbiamo già visto, era uno che terrorizzava i suoi soldati (e in quei tempi non solo). E allo stesso tempo otteneva risultati strabilianti (è andato dalla Normandia a occupare la Germania in meno di un anno). E se non avesse gridato probabilmente non ce l'avrebbe fatta.

Ma lì si sparavano.

Voi non vi dovete sparare. E non avete davanti a voi una vita professionale di un anno di durata. Avete, fortunatamente, degli obiettivi meno drammatici e un numero di anni di carriera superiore a uno.

Nella gestione di un'azienda ottenere le cose come le otteneva Patton non è una grande soddisfazione. In primo luogo perché se la gente lavorerà con l'obiettivo di non farvi arrabbiare siamo a posto. L'obiettivo è di produrre reddito e valore, non di non farvi arrabbiare. E se la vostra prima linea entra la mattina in ufficio con un obiettivo diverso da quello giusto, è un problemino mica da ridere. Che si avvita su sé stesso. Siccome la principale preoccupazione è di non farvi arrabbiare, i colleghi perdono di vista gli obiettivi giusti. Cosa che vi fa arrabbiare ulteriormente. E allora gli obiettivi giusti si allontanano ancora di più.

Detto in altro modo, la gente si paralizza. Nel senso che nel timore di non farvi arrabbiare staranno tutti fermi attendendo vostre istruzioni (che poi implementeranno alla lettera anche se erano sbagliate). Che vuol dire che il tutto si muoverà molto lentamente (quante istruzioni riuscirete a dare contemporaneamente?) e verranno commessi molti errori (dato che voi non siete infallibile e urlando rinunciate alla capacità di giudizio dei vostri colleghi, fondamentale per correggere la rotta una volta che i lavori sono partiti).

E poi rinuncerete anche a molte opportunità. Dato che nessuno farà niente se non dietro esplicita indicazione (per non farvi arrabbiare) molte cose sensate non verranno messe in atto. E solo perché non sono il risultato delle vostre istruzioni.

E' molto meglio che i vostri colleghi abbiano stima di loro stessi (che non avranno se li trattate troppo male). Se penseranno di essere delle persone di qualità faranno molte cose sensate e usando la loro capacità di giudizio (che non deve essere malaccio se avete messo assieme un team di persone perlomeno decente). Al contrario, se penseranno di essere degli incompetenti (dato che voi fate tutto il possibile per convincerli al riguardo) molto probabilmente si comporteranno come tali. Che significa: alla fine l'incompetente sarete voi (dato che degli azionisti razionali vi allontaneranno).

E poi che noia andare in ufficio la mattina e lavorare in un clima cupo dove tutti vanno in giro con lo sguardo basso perché hanno paura della punizione o delle occhiate feroci del capo.

Secondo me c'è un metodo migliore e più gratificante, per voi e per tutti i vostri colleghi.

Ed è l'esercizio della leadership attraverso la persuasione (devi fare quello, perché ti spiego che ha senso), la diffusione dell'ambizione (è bello migliorare l'azienda e sé stessi), una certa propensione al rischio (detta anche coraggio), la trasparenza (se le cose vanno bene ce lo diciamo apertamente, e pure se vanno male; ma sulle cose, non sulle persone) e, sopra tutto questo, il rispetto. Tutte cose di cui abbiamo già parlato in altre sezioni del libro e non è necessario ripetere.

Se voi rispettate i vostri colleghi (che vuol dire che loro rispetteranno voi, non ho mai visto una simpatia non ricambiata e/o un'antipatia non ricambiata; i Beatles dicevano: alla fine, l'amore che ricevi è uguale all'amore che dai) vi porterete dietro tutti i loro cervelli. Così, invece che lavorare da solo lavorerete voi più i vostri colleghi che, a meno che questi non abbiano un cervello negativo, è di sicuro un numero di cervelli totali superiore a uno (uno è il vostro da solo).

La tentazione sarà fortissima. La voglia di sfogarsi, di dire loro quello che si meritano, tutto quello che volete. Ma questa tentazione ha un prezzo. Che è quello, a un certo punto, di rimanere soli a gestire l'azienda (anche se pagate gli stipendi di altre mille persone) e soprattutto di rimanere soli a pensare come si dovrebbe farlo.

E a volte sembrerà che alcune cose che avete visto alla televisione o letto sui libri a voi non succederanno. Ossia che gestire con la paura non è malaccio dato che vedete che i risultati a casa li portate e non vi succedono grandi inconvenienti. Ma vi assicuro che è solo questione di tempo. Prima o poi il prezzo della cattiva gestione lo dovrete pagare. Perché è impossibile che se non fate leva sui vostri colleghi (perché mettete loro paura) prima o poi qualcuna non ne succeda.

E' chiaro che un ambiente più aperto, come quello appena descritto, rende i comportamenti diciamo più democratici, meno riverenti. Che a qualcuno non piacciono. Perché ci sono moltissime persone a cui farsi chiamare dottore fa piacere. E a cui piacciono gli inchini. Ma la vera verità è che questi piccoli vezzi sono anch'essi il risultato di un rapporto spesso basato sul timore. Ma le aziende hanno un altro scopo e gli azionisti vi hanno affidato il loro capitale per ottenere un ritorno economico, non per gratificare voi con delle banalità di natura meramente formale.

Devo dire che a me sembrano tutte cose umane e quindi comprensibili. Ma non per questo devono essere accettate. Se la gratificazione del vostro io (o la mera non gestione dei vostri istinti) si riflette negativamente sulla performance dell'azienda, è meglio che ci facciate una riflessione.

Questo vuol dire che dovete essere un amicone? E' sbagliato pure quello. Purtroppo i vostri colleghi reagiranno in modo un po' infantile (perché apprezzano spesso, inconsciamente, il padre padrone che stiamo dicendo che vogliamo evitare come modello) e quando vedono troppa gentilezza la scambiano per debolezza.

Per evitare equivoci, anche se non c'è nulla di sbagliato a essere troppo gentile, allora è meglio evitare il problema sul nascere.

Rispetto va bene. Troppe pacche sulle spalle meno. Il capo sono io. Non mi comporto come un maleducato, non uso come strategia quella di metterti paura, ma questo non vuol dire che siamo uguali. Io sono più uguale di te.

Il modo migliore di farlo? Esercitare il proprio ruolo come abbiamo descritto finora e ogni tanto, ahimè, premere il grilletto.

I vostri colleghi devono sapere che siete uno posato ma, se dovete farlo, siete pronto a usare la seconda parte della già citata frase "parla piano e vai in giro armato".

Le altre tattiche

Sono, singolarmente prese, meno importanti. E quindi le dico tutte assieme (numerate).

1. Non pretendete un'azienda a vostra immagine e somiglianza. Fate violenza a voi stessi e accettate un po' di deviazione dalla norma. Se invece l'azienda la volete proprio come ce l'avete in mente voi, dico nei dettagli, siete morti. Non fisicamente, ma gestionalmente. Perché l'unico modo perché veramente vi somigli è se fate tutto voi. Che ovviamente non sta in piedi. E, peggio che peggio, la vostra prima linea non si sforzerà neanche più di tanto, tanto alla fine le cose le rifate voi da capo. Perché a dare troppi ordini e troppo precisi si ottiene un effetto controproducente. Non si devia di mezzo millimetro dalla linea indicata senza avere ottenuto di nuovo l'approvazione del capo! In sostanza avrete coltivato un gruppo di automi che dormiranno sonni tranquillissimi (infatti hanno solo eseguito degli ordini) mentre voi vi state dannando dalle ansie. Bisogna tapparsi il naso, lavorare sui principi guida e sulle iniziative importanti, controllare i risultati, ma poi i colleghi bisogna lasciarli fare. Il vostro ruolo deve essere quello di gestire la performance, non di gestire le attività. E altrettanto, è fondamentale non farvi intrappolare da quelli che vi vogliono fare gestire le attività al posto loro. Al mittente. L'abbiamo già detto. Rifai il lavoro, non che mi passi un semilavorato e poi te lo devo mettere a posto io. Te lo rispedisco indietro finché non è a posto. Verrà fuori un'azienda non proprio identica a come ve la siete immaginata, ma almeno avrete un'azienda. Invece che una ditta individuale (voi) a cui si aggiungono dei collaboratori esterni. E poi motiverete i vostri colleghi. Ma sapete che noia fare le cose esattamente come le vuole lui/lei invece che non potere avere un po' di iniziativa? Alla fine ci sarà qualche rischio da correre, dato che non tutto passa sotto i vostri occhi, ma ahimè è impossibile fare in modo diverso. Tenete sotto controllo i rischi (vedi il capitolo precedente) e più o meno le cose dovrebbero stare in piedi. Un aneddoto al riguardo. Ho letto che

era principio esplicito dell'alto comando tedesco, all'inizio della seconda guerra mondiale (ahimè) di dare delle indicazioni molto generiche ai propri comandanti sul territorio. Perché questo permetteva la responsabilizzazione delle persone e la loro capacità di variare il piano senza dover di nuovo interpellare i loro superiori. Sarebbe meglio che così non fosse stato, visti i successivi sviluppi, ma il livello di efficacia ottenuto fu formidabile.

2. Pretendete dai colleghi un prodotto finito e non intervenite nella lavorazione. Molto simile al precedente. Poche cose sono così dannose come l'affermazione: non va bene, ma lo metto a posto io. E' molto meglio dire: non va bene e adesso lo rimetti a posto tu. Primo perché se no dopo un po' vi trasformate nel correttore dei lavori degli altri. Non nel senso di controllore della qualità, che in fondo è un vostro ruolo. Ma piuttosto come meccanismo in pianta stabile che la macchina la rompe qualcun altro e poi la dovete mettere a posto voi. E' un processo spesso più lungo (perlomeno all'inizio) dato che tutti i capi sanno che se lo facessero direttamente loro ci si metterebbe meno tempo. Ma se fatto in modo opportuno, ossia dicendo in modo trasparente "queste sono le cose che non vanno mettile a posto", anche più volte, a poco a poco la qualità complessiva dell'output migliora. E poi, ognuno deve fare il suo lavoro e non è il vostro ruolo quello di intervenire come spiaggia di salvezza (continua) dei processi di produzione.

3. Siate trasparenti sulla qualità del lavoro svolto e non prendetevela con le persone. Come abbiamo detto diverse volte, non attaccate mai i colleghi, ma solo il pezzo materiale che hanno prodotto. Già quello vi permette di approcciare la discussione senza farvi dei nemici. E poi dite in modo trasparente quello che vi è piaciuto e quello che non vi è piaciuto. Secondo me le persone odiano due cose. La prima è l'assenza di informazione. Preferiscono le brutte notizie all'assenza di notizie. E allora è meglio prendersi il colpo e ricominciare piuttosto che navigare per settimane e mesi senza sapere come stanno le cose. Come quelli che quando gli termini il contratto poi ti ringraziano. Perché il non sapere rodeva di più del sapere una cosa spiacevole. La seconda è che tanto le cose si leggono sulla fronte. Se non sono soddisfatto si capisce benissimo. E la gente si infastidisce ancora di più perché sa che c'è qualcosa che non va e non capisce perché voi non gliene volete parlare. E allora parliamone. Unica cosa che sottolineo di nuovo: non fate solo critiche, ogni tanto tirate fuori qualche commento di apprezzamento per il lavoro svolto. La gente deve sapere che li considerate dei vincenti. Migliorabili, ma sempre dei vincenti. Così vinceranno.

4. Il potere ben esercitato si esercita in modo diretto. Ossia, chiedete direttamente a qualcuno (la vostra prima linea) di fare le cose (e quindi affrontate la conversazione e il potenziale conflitto che ne deriva) e non mandateglielo a dire (dì a Pippo di fare quella cosa là; ossia "ha detto il direttore di fare quella cosa là"). Così la conversazione, incluse relative spiegazioni, la deve affrontare l'altro (che vi odierà per questo) e/o non avverrà

del tutto (contribuendo a rendere i vostri colleghi degli automi, dato che non date spiegazioni). E' più difficile, ma è molto più sano. E, gentilmente, evitate come la morte di fare dire le cose rilevanti ai vostri colleghi dalla vostra assistente. Poche cose urtano un componente della prima linea come quella di ricevere "ordini" da una persona che svolge compiti di responsabilità inferiore. E poi, a far chiedere le cose dagli altri, fate pure la figura del codardo.

5.   La porta dell'ufficio si tiene aperta. Questa regola è la cugina della precedente. Volete incutere timore? Vi piace sentire che bussano alla porta? Fate voi, ma facendo così non trascinerete con voi la potenza intellettuale del vostro management team. Io invece sono, come ho appena detto, per un'atmosfera più aperta e comunicativa. Ci dobbiamo parlare, parliamoci. Che valore ci dà la porta chiusa?

6.   I culti della personalità è meglio evitarli (anche questo in parte già detto). E' vero siete il più bravo, ma sempre un essere umano siete. Quindi è inutile creare tutti i meccanismi per distinguere voi stessi dai vostri colleghi. Mi ricordo una persona che, prima di entrare nel suo ufficio, ti faceva passare da un metal detector. Ma non perché esistessero dei rischi seri alla sua persona. Ma perché così si distingueva in modo netto dal resto dei colleghi. Perché così lui era superiore e tu eri diverso o inferiore. Naturalmente, diciamo che ci provava. Pessimo modo per trascinare i colleghi e suscitare l'entusiasmo nella vostra leadership.

7.   Non fate troppo lo splendido. Se fate lo splendido, tutti vi vorranno imitare. Volate in business class in un volo di un'ora? Andate al ristorante e spendete una fortuna in cibo e vino? State tranquilli che tutti gli altri cominceranno a copiarvi. Perché i comportamenti che voi assumete diventano automaticamente accettabili. E se possono avere conseguenze limitate se li fate solo voi, se li fanno tutti assieme possono diventare deleteri, sia per quanto riguarda il relativo impatto economico, sia per quanto riguarda la disciplina generale di gestione.

8.   Non accettate la comunicazione verticale (da vostro riporto a voi e a nessun altro, nell'ipotesi che siate poi voi a dover informare e mettere d'accordo tutti gli altri) e esigete quella a T (prima di tutto parlatevi tra di voi e poi eventualmente venite da me). Stiamo parlando delle situazioni dove la gente le cose le dice a voi e siccome le ha dette a voi pensa di avere esaurito il proprio compito di comunicazione intra-aziendale. Anche in questo caso, bisogna rispedirli al mittente. Sul tema X, prima di dire il risultato a me, l'hai detto a lui/lei che è il responsabile di funzione dedicato all'argomento? Non farlo e/o accettarlo in modo sistematico vuol dire tollerare che la gente non si parli o non pensi a parlarsi. No, fai il tuo lavoro, gestisci bene la comunicazione con i tuoi colleghi e poi, se necessario, raccontatemelo anche a me.

9.   Gli ordini si danno solo ai riporti diretti, ma parlare si parla con tutti. I temi in questo caso sono due. Gli ordini li date solo ai vostri riporti. Se cominciate a

darli anche alle seconde linee non si capisce più niente e creerete dell'astio con il vostro management team (perché lo avete scavalcato). Il capo é uno e ognuno ha un solo capo. Chiunque esso sia. Le prime linee hanno come capo voi. Le seconde linee hanno come capo le prime linee. Le terze linee hanno come capo le seconde linee. Però questo non vuol dire che con le altre linee non ci dovete parlare, in particolare facendo delle domande. Così avrete l'opportunità di sentire quello che le voci dell'innocenza hanno da dirvi (che è un po' meno filtrato di quello che dice il management team) e altrettanto, senza dare ordini specifici, potrete parlare delle linee generali di guida dell'azienda. Così tutti avranno in mente le vostre riflessioni e sapranno comportarsi di conseguenza, anche se per buona parte del tempo sono mediati dal loro capo. Il tutto all'interno di consessi operativi e non di sessioni impostate in modo conviviale che non danno molto contenuto alla conversazione.

10. Portate i colleghi al cinema. A voi ovviamente sembrerà strano, ma la metà dei colleghi di un'azienda non ha la minima idea di quello che l'azienda nel suo complesso sta facendo. Il loro mondo è il loro televisore (lo schermo del loro PC). Oltre il televisore ci sono i leoni. Spesso neanche per colpa loro. Il lavoro quello è, e deve essere svolto, che colpa ne ho io. Che non vuol dire che avete per forza a che fare con degli automi, ma che l'assenza di un minimo di quadro sinottico dà ai vostri colleghi meno ragioni per fare bene il loro lavoro. E allora perché non dargliele? Tre o quattro volte all'anno fate delle sessioni tutti assieme, dove raccontate cosa siete (repetita juvant), che risultati vi siete portati a casa nel periodo precedente e dove state andando.

11. Di fronte a un errore perdonate la prima volta e punite la seconda. Quindi, dipende dalla volta. Se è la prima (e vada anche per la seconda volta), gli errori sono accettabili, anche se gravi. D'altra parte gli errori sono il risultato di un'attività che ovviamente è stata svolta. Se non ci sono errori è molto probabile che nessuno abbia fatto un tubo. E prendersela con chi lavora e non prendersela con chi non lavora non è una buona idea. Però accettare la perseveranza non penso sia sano, perché vuole dire che o il vostro collega non ci arriva (ma allora mette la società a rischio, vedi i capitoli precedenti), oppure non si è impegnato a mettere le cose a posto (che è quasi più grave). A quel punto, nel primo caso, dopo ripetuti problemi, trovategli un posto più consono o creategli delle opportunità al di fuori della vostra società. Non è giusto far soffrire l'azienda per i limiti di un individuo. Nel secondo caso lavorate sulla sua motivazione. Se ce la fate bene, se non ce la fate, anche lì pochi sono i rimedi che avete a disposizione (vedi il caso immediatamente precedente).

12. Non prendete le parti di nessuno e forzateli a trovare una soluzione da soli. Non riusciamo o, peggio, non abbiamo voglia di confrontarci e allora andiamo dallo zio a vedere chi ha ragione e chi ha torto? Questo in effetti succede anche a casa con i bambini. E tanto quanto è pessimo prendere le difese di uno e accusare l'altro (con i vostri figli), anche in questo caso (con i vostri colleghi) dovete respingere il tentativo e rispedire a casa quelli che vi vogliono

coinvolgere nelle loro beghe. Ho assistito a una bella scena esattamente di questo tipo, dove a un certo punto il direttore generale disse: ma vi siete parlati prima di venire a litigare da me? I due furono sufficientemente onesti da dire di no e a quel punto il capo fece loro capire che fosse meglio se si comportassero da persone adulte, parlassero di quello che dovevano discutere e solo dopo e solo in presenza di conflitti irrisolvibili, sarebbero dovuti andare da lui. Non che questo non sia un pezzo del vostro lavoro, ma non deve essere una esigenza sistematica. Prima vi parlate tra di voi e poi alla fine, e solo se proprio non siete riusciti a mettervi d'accordo, venite da me.

13. Prendete le difese dei vostri colleghi in pubblico e fate loro un discorsino un po' più severo in privato. Quando l'evento "spiacevole" (di qualsiasi tipo sia) avviene di fronte ad altri, non avete alternativa e dovete di sicuro difendere le vostre persone. Peraltro, l'azienda siete voi, quindi a dare la colpa a qualcun altro, quando in quel momento, data la vostra presenza, il rappresentante siete voi, non farà altro che farvi fare una brutta figura (i vostri interlocutori penseranno che siete un codardo) e genererà odio da parte dei vostri colleghi (che faranno altrettanto). Quindi, di fronte a un terzo, bisogna essere uniti e voi dovete difendere il punto fatto dalle vostre persone e/o essere estremamente diplomatici nel correggerle (addirittura è meglio se dite che la cosa che ha richiesto la correzione, o l'assenza della correzione, è colpa vostra). Poi, quando siete tornati a casa gli fate due chiacchiere a quattr'occhi. Perché avere lo zio che si prende le colpe è molto comodo, ma non è giusto. Ed è importante che lo chiariate benissimo e diciate in modo esplicito che vi aspettate che non succeda più. Perché se tutti si sentono protetti al 100% probabilmente l'errore lo rifaranno.

14. Non accettate di farvi confondere le idee. C'è il famoso detto "non riesco a convincerlo, allora lo confondo". Purtroppo adottato in larga scala all'interno delle grandi organizzazioni. Soprattutto facendo leva sul fatto che al capo non piace ammettere di non avere capito e quindi spesso fa finta di averlo fatto anche se non è vero. Generazioni di management ci cavalcano, così poi possono fare quello che vogliono. Ho letto che il primo capo della Cia nell'amministrazione di Ronald Reagan, William Casey, faceva apposta a bisbigliare le sue conversazioni. Sembra che all'inizio Reagan dicesse che non aveva capito. Dopo un po' smise perché probabilmente non stava bene che il Presidente non capisse in modo sistematico. E, mentre da una parte i collaboratori del Presidente a loro volta non avevano capito su cosa il loro capo si fosse messo d'accordo (con il giusto livello di terrore), l'altro sembra che ci marciasse ("ne ho parlato con il Presidente ed era d'accordo"). D'altra parte era l'unico che aveva capito sia le domande sia le risposte. E più l'argomento diventa tecnico, più la probabilità che il fatto si verifichi aumenta. Anche in questo caso, non abbiate alcun timore, anzi ribaltate l'onere della prova ("se non è chiaro e comprensibile, sono sicuro che non funzionerà") ed eliminate il comportamento dalla vostra azienda. Se il comportamento resiste, intervenite alla base, ossia sulle persone che lo causano.

15. Non accettate ricatti (anche piccoli). Ossia, non mettete le sorti vostre e della vostra azienda nelle mani di qualcun altro. Hai l'accesso a/il controllo di risorse scarse? Sei in possesso di competenze che ti rendono molto prezioso all'interno dell'azienda? E siccome ti rendi conto di questa tua posizione non sei in grado di avere dei rapporti professionali accettabili con i tuoi colleghi? E poi non rispetti neanche gli impegni? Neanche quelli che ti aveva chiesto il tuo capo? Non ditemi che non l'avete già visto. Forse l'ho già detto, ma ad esempio ho visto un paio di responsabili commerciali di reti agenziali comportarsi così. Questo perché avevano una grande presa sulle persone che formavano la loro squadra. Purtroppo per loro (ma sono loro che se la sono cercata) queste persone sono incompatibili con la salute aziendale e anche in questo caso vanno cercate delle soluzioni per non tenerle all'interno della vostra società. Chiunque sfrutti a proprio eccessivo vantaggio la sua posizione non deve essere accettato all'interno di un'organizzazione che funzioni bene. Non è giusto e, peggio che peggio, indebolisce la vostra posizione. Ma se se ne va succederà un disastro! Sapete chi le mette in giro queste voci? La stessa persona di cui stiamo parlando, giustappunto per costruirsi una polizza assicurativa in più. Lo sapete cosa succede veramente quando alla fine se ne va via? Niente. Perché nessuno è così forte e nessuno è insostituibile. Era così bravo a fare il suo lavoro! A parte che generalmente, comunque, era un effetto ottico, se era bravo lui/lei sarà bravo anche quello/a che lo/la sostituisce. Per non parlare del fatto che se gli altri colleghi si accorgono che accettate di subire dei ricatti, piccoli o grandi che siano, dopo un po' cominceranno anche loro.

16. Non fatevi mai mettere in un angolo. Scena classica, tre vostri colleghi entrano eccitati nel vostro ufficio, vi parlano di un disastro imminente e insistono perché prendiate azioni immediate. Il tutto condito da respiri affannosi e volume di voce alto. Mai dire di sì. Non l'ho vista una volta dove era meglio dire di sì. E mi sono accorto un mucchio di volte che era molto meglio tranquillizzare gli animi, dire in modo chiaro di calmarsi e alla fine dire di no. Era la tattica dei generali americani con Kennedy durante la crisi missilistica di Cuba. D'altra parte quelli a scuola gli avevano insegnato a sparare, poi erano stati assunti per sparare e, quindi, continuavano a raccomandare di sparare. Peccato che se avessero sparato una buona parte del pianeta sarebbe stata rasa al suolo. E Kennedy fu molto bravo a tenerli al loro posto, anche memore dell'errore che aveva fatto nel non farlo quando, in una situazione analoga, aveva consentito alle medesime pressioni e aveva autorizzato l'operazione della Baia dei Porci (finita male). Sei su di giri? Ti calmi e poi ne parliamo. E comunque, d'istinto ti dico di no.

17. Se qualcuno vi provoca e vi sfida, reagite in modo energico. Ci sono anche questi. Mi sembra spesso per difendere sé stessi. Più raramente per strafottenza. In genere degli insicuri. Tirano fuori la pistola e cominciano a sparare (in senso figurativo, naturalmente). Spesso in pubblico, perché le sfide se non si fanno in piazza sono meno divertenti. E nell'euforia del momento,

non si rendono neanche conto che stanno facendo male a sé stessi. Tanto che c'è pure chi ha il coraggio di rifarlo. Naturalmente sto parlando di attacchi sterili, dove la salute dell'azienda non è neanche presa in considerazione. Secondo me il capo lucido affronta queste situazioni in due modi diversi. Se la provocazione arriva da una persona diciamo molto giovane (devo dire, molto raro) è inutile mettersi al loro livello. Se li degnate di un confronto quasi li legittimate, se li trattate troppo male è capace che qualcuno poi prenda le loro difese. Io la gestirei troncando la conversazione con un'affermazione del tipo "guarda, non ho tempo da perdere, gentilmente tornatene a lavorare". E lì si risolve. Avete dato la risposta giusta e vi siete comportato con dignità. Il fatto è che, a volte, arrivano da una persona che dovrebbe essere meno sgraziata, data la sua anzianità aziendale. In questi casi, secondo me, non avete scelta e dovete alzare la voce, esprimere il vostro disappunto e tenerla alta finché l'altro non abbassa lo sguardo in segno di sconfitta. Se l'è cercata. Purtroppo se lo sguardo lo abbassate voi, in futuro sarà difficile continuare a farvi rispettare.

18. Non accettate eccezioni alle regole. Tutto questo libro è impostato sulla costruzione di alcuni meccanismi e sul loro buon funzionamento. La gente continuerà a tirarvi per la giacca. Facciamo un'eccezione qua, facciamo un'eccezione là. Se le fate, i meccanismi è come non averli costruiti. Ne abbiamo già parlato a tratti, ad esempio sul tema della gestione delle risorse umane. Purtroppo bisogna stringere i denti ed evitare il più possibile di violare le regole che voi stessi avete dato all'azienda. La singola decisione può essere dolorosa anche perché l'alternativa a cui vi viene chiesto di acconsentire magari non è così proprio irragionevole, ma purtroppo ha conseguenze sistemiche pesanti. Mi ricordo una persona che disse (in modo assolutamente non blasfemo): San Martino fece benissimo a dividere il suo mantello in due: ma se lui e la persona che ricevette l'altra metà avessero continuato a farlo sarebbe morti tutti di freddo (loro due e i loro beneficiati). Che non è una grande soddisfazione. I piccoli compromessi hanno sempre il rischio di trasformarsi in vizi pervasivi che purtroppo cambiano la natura della vostra azienda.

Il collegio elettorale

L'ultima questione da affrontare, oltre allo stile e alle tattiche quotidiane, è abbastanza delicata.

E' la cura del vostro migliore amico.

Voi non siete il direttore generale della vostra azienda per scelta divina.

Siete lì perché il vostro azionista vi ci ha messo.

Ossia, come tutti, ma proprio come tutti a questo mondo, anche voi avete il vostro collegio elettorale.

Quello senza il quale, e senza il suo consenso, non andate da nessuna parte.

Sia perché, banalmente, se non avete la fiducia dell'azionariato, l'azionariato vi rimuove.

Ma anche perché se i vostri colleghi non percepiscono che voi questa fiducia ce l'avete, non vi seguiranno neanche a martellate.

Non a caso, nel periodo tra elezione del nuovo Presidente americano e l'assunzione vera e propria della funzione (che avviene dopo un paio di mesi), il vecchio Presidente viene chiamato "lame duck". E non stiamo neanche parlando di qualcuno che è stato sfiduciato (magari non poteva essere rieletto), ma spesso solo di qualcuno che per processi elettivi ha visto il suo supporto spostato al nuovo candidato. Notoriamente, in questo periodo, i Presidenti fanno solo ordinaria amministrazione.

Figuriamoci quando il dissenso è aperto.

La gente vi segue se percepisce che avete le spalle coperte. Se capisce che non ce le avete, smetterà di seguirvi e cercherà di capire da che parte gli azionisti vogliono che l'azienda sia indirizzata. Così da non poter essere accusati di nulla quando la fine, cosa a quel punto quasi assicurata, si materializzerà e ci sarà un nuovo direttore generale. Anzi, magari a qualcuno verrà pure l'acquolina in bocca e sarà tentato di darvi la spallata finale, così che magari il vostro successore sarà lui/lei.

Come evitare il problema?

Prima di tutto, ovviamente, fate andare bene l'azienda. Il processo è iterativo. Gli azionisti vi scelgono perché hanno fiducia e grazie alla fiducia di cui godete riuscite a fare andare bene l'azienda, cosa che a sua volta rafforza il rapporto con i vostri azionisti.

Ce ne sono molto pochi di azionisti che si lamenteranno di voi se l'azienda è gestita bene. E di come, secondo me, l'azienda va gestita abbiamo parlato sinora.

A parte questo vi dovrete però gestire anche il rapporto con loro. Che non può essere fatto solo di partecipazioni ai consigli di amministrazione, ma anche d'interazioni preferibilmente non di carattere organizzativo/operativo (quelle sono di vostra responsabilità), ma di carattere strategico sì. E per strategia intendo le iniziative che richiedono investimenti significativi (sia sul lato dello sviluppo, sia sul lato della ricerca dell'efficienza), che hanno un impatto importante sul posizionamento sul mercato (in termini di distribuzione, prodotto e prezzo) o che hanno implicazioni sul capitale (quindi rischi e struttura finanziaria). Non dovrete chiedere istruzioni, ma condividere e discutere sì. Per il semplice motivo che per andare d'accordo con le persone (inclusi i vostri azionisti) bisogna parlarci. E non si può limitare la conversazione al tempo e "a come va e come non va". Bisogna entrare nei contenuti. Ovvero parlare delle cose che riguardano l'azienda.

Il tutto richiede una certa disciplina, perché bisogna stabilire un chiaro confine tra le varie aree di responsabilità, ma è impossibile farne a meno. E' anche abbastanza spesso vero che il vostro azionista sia il vostro presidente o comunque il presidente sia un rappresentante dei vostri azionisti. Tanto meglio. Avrete una persona con cui interagire su base continuativa e con cui discutere le cose di cui abbiamo parlato. Anche perché, nei vostri patti, alcune faccende potrebbero essere riservate agli azionisti stessi (nel senso dei loro rappresentanti in azienda), come la comunicazione, i rapporti con le istituzioni e ovviamente le materie che per statuto sono di competenza del consiglio di amministrazione. Naturalmente anche queste attività devono essere fatte di concerto con le vostre opinioni e, quindi, l'interazione diviene ancora più importante. In alcuni casi, spero pochi, sarete solo "informato" dagli azionisti sulle loro decisioni. Mi sembra comprensibile. L'importante è che le ragioni siano chiare e accettabili.

Il tutto deve funzionare secondo alcuni principi che è fondamentale concordare. Il primo: non ci devono essere dubbi che il capo operativo dell'azienda siete voi. Gli azionisti vi hanno dato un mandato e il responsabile per la sua esecuzione siete voi e nessun altro. Non ti va bene come svolgo il mandato, ritirami il mandato. Molto peggio è se queste cose non si capiscono e non si concordano e gli azionisti entrano nella gestione (che vuol dire semplicemente che il direttore generale non siete voi, ma sono loro e voi siete un po' più di un esecutore). Non c'è nulla di male, solo che il vostro lavoro lo stanno facendo loro. Quindi, se l'accordo con voi era che andavate a fare il capo operativo dovete essere sicuri che i confini vengano continuamente rispettati. L'azienda la gestisco io e mi assumo la responsabilità delle cose che faccio. La tua facoltà di azionista è di dire che io non ti vado più bene (oppure di intervenire su quegli argomenti dove era concordato già nei patti a monte che erano di tua competenza). E' invece sbagliato pensare che la tua facoltà sia quella di correggere quello che sto facendo o dire che non sei d'accordo e quindi ti aspetti che le cose vengano fatte in altro modo. Se quella facoltà la eserciti, in effetti, significa che non mi vuoi più come direttore generale. Lo so, ci vuole un po' di coraggio, ma così bisogna fare. E non è detto che quest'atteggiamento non sia anche benvenuto o comunque ritenuto legittimo, da parte degli azionisti stessi. Mi ricordo una situazione dove il presidente, non si sa perché, aveva mandato una comunicazione di natura operativa alla prima linea dell'azienda. Il direttore generale si infuriò e ne risultò una conversazione molto schietta. Il risultato fu che il presidente si scusò perché aveva capito che non aveva rispettato i ruoli degli attori della situazione.

Guardate che non è una questione di controllo del territorio, di gelosia o che altro. E' una questione di bontà organizzativa. Le aziende che così fanno, funzionano molto meglio delle aziende dove invece le situazioni sono più confuse.

Il secondo principio è che dovete assicurarvi di non far venire o di far passare ai vostri colleghi il vizietto di avere rapporti con gli azionisti (a meno di quei pochissimi che sono giustificati da motivi esclusivamente tecnici, ma non possono che essere casi rari e molto circostanziati). Organizzativamente, i vostri colleghi lavorano per voi, non per l'azionista. Voi lavorate per l'azionista. Magari è perché così erano abituati nell'azienda dove lavoravano prima. Magari hanno i figli che vanno alla stessa scuola. Evitate che succeda. Se no c'è sempre l'appello. Faccio quello che mi dice il direttore generale, ma se poi incrocio il presidente sull'ascensore gli chiedo se non sarebbe meglio fare il contrario e lui/lei dice di sì. E poi il vostro collega vi viene a dire "mi ha detto il presidente di fare in modo diverso da come avevi detto tu". Il collega è chiaramente da prendere e mettere sull'affettatrice (in senso metaforico). L'appello è indice di azienda gestita male e non deve succedere. E se succede è ulteriore motivo di conversazione con l'azionista. Non ti va bene come gestisco l'azienda? O troviamo un accordo che sta in piedi o di direttore generale te ne trovi un altro. Se no, anche se ci sono alcuni aspetti dove non vengono fatte esattamente le cose come vorresti tu, mi lasci lavorare e non ti metti di mezzo. Farà bene sia a voi, sia all'azionista che si troverà un'azienda gestita meglio (e che quindi vale di più).

Il test dell'ascensore

Ci ridiciamo perché la gente vi deve seguire? In 20 secondi, come le risposte alle domande a bruciapelo che vengono fatte in ascensore (che appunto ci mette 20 secondi per arrivare al piano)?

Primo, attraverso gli elementi "hard", che comunque vi porteranno molto lontano. In particolare, il capo siete in grado di farlo poiché:

1. i poteri li avete voi e non gli altri (sui soldi e sulle persone),

2. i sistemi chiave li gestite voi (reporting, budgeting, controllo, risorse umane, …),

e nell'esercizio dei vostri poteri:

3. gestite voi la propaganda, ossia il microfono in mano ce l'avete voi e comunque avete sempre la facoltà di essere il primo e l'ultimo a parlare,

4. siete un buon persuasore ossia avete buone capacità logiche e di relativa esposizione, condite con una opportuna dose di empatia,

il tutto rafforzato da:

5. energia, coraggio e capacità di mettersi in prima linea nei momenti difficili,

6. stima e affetto professionale per i vostri colleghi,

7. onestà,

8. quel minimo di astuzia che vi evita di cadere nei tranelli delle dinamiche organizzative.

E naturalmente non dovete essere così tordo da dimenticarvi di curare chi vi ha scelto, ossia il vostro azionista.

Sintesi

Non serve, l'ho appena scritta.

INFINE ...

Il libro è finito. Spero non vi siate annoiati.

Non ho descritto né gesti eroici, né situazioni epiche.

Ho descritto un mondo fatto di ordine e non di eroismo.

Non è quello che vi aspettavate? Pensavate che avreste letto qualcosa che vi faceva divorare le pagine per sapere chi era l'assassino?

Mi dispiace.

Ma un'azienda è un matrimonio, non un'estate di passione.

E' molto più importante ragionare su come costruire un rapporto di lungo periodo, che funzioni in modo ragionevole, piuttosto che concentrarsi solo sulla fiammata iniziale che, magari più divertente per un lasso di tempo limitato, è insostenibile per tanti anni.

E la convivenza è molto più difficile. Ed è fatta di una serie di regole rispettate da tutte le parti coinvolte, di comportamenti condivisi, di meccanismi rodati. Se li sapete costruire e mantenere, vivrete professionalmente felici per molto tempo. Se non ce la fate, passerete un'esistenza molto grama.

NOTA SULL'AUTORE

Diego Polo-Friz è stato dal 2005 al 2011 direttore generale di un istituto di pagamento, la società Finint, attiva in Italia, Spagna e Regno Unito.

Dal 1993 al 2005 è stato prima un consulente e poi un partner della società McKinsey.

Ha ottenuto un master in Business Administration alla Wharton School dell'Università della Pennsylvania ed è laureato in Economia e Commercio all'Università Luigi Bocconi di Milano.

www.ingramcontent.com/pod-product-compliance
Lightning Source LLC
Chambersburg PA
CBHW060036210326
41520CB00009B/1156